Ernie Hearting - Stumpfes Messer

AMV

Stumpfes Messer

Führer der Cheyenne-Indianer
in ihrem letzten Kampfe um Heimat
und Freiheit

Der reiferen Jugend
nach historischen Quellen aufgeschrieben von

ERNIE HEARTING

Mit 16 Kunstdrucktafeln

ALBERT MÜLLER VERLAG

RÜSCHLIKON-ZÜRICH · STUTTGART · BERLIN · WIEN

ISBN 3 275 00547 2. – 1/6-75. – Printed in Switzerland.

INHALTSVERZEICHNIS

LITERATURVERZEICHNIS

John H. Seger — *Early Days among the Cheyenne and Arapahoe Indians*
University of Oklahoma Press, Norman, 1934

George A. Dorsey — *The Cheyenne*
Field Columbian Museum, Chicago, 1905

Stanley Vestal — *Warpath and Council Fire*
Random House, New York, 1948

Schmitt and Brown — *Fighting Indians of the West*
Scribners, New York, 1948

Clark Wissler — *Indian of the United States*
Doubleday, New York, 1948

Thévenin and Coze — *Moeurs et Histoire des Peaux Rouges*
Payot, Paris, 1927

Helen Hunt Jackson — *A Century of Dishonor*
Little Brown and Co., Boston, 1913

Ferner Dokumente, Aufzeichnungen, Auszüge.

Vorwort

Am 25. Juni 1876 wurde General G. A. Custer und der größte Teil seines berühmten 7. Kavallerie-Regiments am Little Big Horn-River von den vereinigten Sioux, Cheyenne und Arapahoe vernichtend geschlagen. Kaum ein halbes Jahr später war die siegreiche indianische Streitmacht von den an Waffen und Zahl drükkend überlegenen Truppen auseinandergesprengt worden und den einzelnen Häuptlingen blieb nichts weiter mehr übrig, als sich mit ihren Stämmen den rachedürstenden Soldaten auf Gnade oder Ungnade zu ergeben.

Doch kein Häuptling bot den Weißen Unterwerfung an, ehe er sich nicht mit ihnen in hartem Kampfe gemessen. In vielen Fällen wurden die von Hunger und Not geschwächten Indianer von den gut ausgerüsteten Truppen überrascht und erst nach verzweifelter Gegenwehr überwunden. Am 9. September 1876 verlor der tapfere Oglalahäuptling Amerikanisches Pferd in einem ungleichen Treffen gegen die Soldaten des Captains Anson Mills bei Slim Buttes den größten Teil seiner Krieger und sein eigenes Leben. Colonel Randall S. Mac Kenzie, General Crooks Kavalleriekommandeur, stieß am 26. November des gleichen Jahres in der Nähe des Hole-in-the-Wall, im Powder-River-Land, auf Stumpfes

Messer und seine Cheyenne. In einem erbitterten Ringen gelang es den Truppen, etwa dreißig Krieger zu töten und das Dorf zu verbrennen. Nackt und barfuß wanderten die Ueberlebenden, Männer, Frauen und Kinder über siebzig Meilen durch tiefen Schnee in das Winterlager des Oglalahäuptlings Wildes Pferd.

Der hochherzige Oglala nahm die geschlagenen cheyennischen Waffenbrüder mit offenen Armen auf. Aber kaum, daß Stumpfes Messer und die Seinen ihre Toten begraben und die zahlreichen Wunden notdürftig verbunden, traf sie neues Unheil. General Nelson A. Miles entdeckte das Winterlager der beiden Häuptlinge in einer kälteklirrenden Januarnacht. Er zögerte nicht lange und überfiel die sich geborgen wähnenden Indianer. Nach blutigem Kampfe mußten die Roten ihre Waffen strecken. Wildes Pferd floh, um sich einige Tage später doch zu ergeben. Stumpfes Messer hingegen sah die Aussichtslosigkeit weiteren Widerstandes ein und bot dem weißen General seine Kapitulation an. Allerdings, seine Unterführer, vor allem Kleiner Wolf, Starke Linke Hand und Krähe, machten dem alten Häuptling deswegen schwere Vorwürfe. Aber Stumpfes Messer hatte genug. Seine von ihm über alles geliebten Söhne waren in den letzten Kämpfen gegen die Soldaten gefallen. Nun galt seine einzige Sorge noch der Tochter und dem Stamme. Für beide erhoffte er eine bessere und eine glücklichere Zukunft, als er General

Miles vertrauensvoll erklärte: „Alles, worum wir bitten, ist, daß wir in unserer Heimat und in Frieden leben können." — Die Cheyenne wurden von den Truppen in die nächste Reservation überführt.

Mittlerweile mußten auch die andern Stämme den bitteren Kelch der Niederlage bis zur Neige austrinken. Häuptling Sitting Bull verließ die Vereinigten Staaten und fand in Kanada vorläufig eine neue Heimat. Am 22. April 1877 ergab sich Zwei Monde, ein anderer Cheyennehäuptling, und zehn Tage später mußten die Miniconjous-Sioux mit ihrem einst gefürchteten Häuptling Lahmer Hirsch die Waffen strecken. Nun war die grausame Indianerhatz beendet. Triumphierend bliesen die Generäle ihr siegreiches Halali. Das Kapitel war abgeschlossen, und eine neue Seite wurde aufgeschlagen.

Für die Cheyenne des Häuptlings Stumpfes Messer, die jetzt alles in allem noch etwa siebenhundert Seelen zählten, schien hingegen das Maß ihres Unglücks noch nicht voll bemessen. Kaum hatten sich die so grausam Geprüften von dem blutigen Aderlassen und dem schrecklichen Wintermarsch etwas erholt, wurden sie von einem neuen, schicksalsschweren Schlage getroffen. Die Regierung verfügte den Abtransport des Stammes nach Darlington, einer Indianerreservation im fernen Oklahoma. Das hieß nicht mehr und nicht weniger, als daß die Cheyenne aus ihren angestammten Jagdgründen verbannt und vertrieben werden sollten, nachdem sie für deren Verteidigung die Blüte ihrer Jugend geopfert hatten. Stumpfes Messer machte sich zum Fürsprecher seiner schmerzgebeugten Brüder und Schwestern. Er protestierte leidenschaftlich gegen dieses Urteil und beschwor die Weißen auf den Knien, von dieser herzlosen Verfügung abzusehen. Vergebens berief er sich auf die ihm gemachten Hoffnungen und Versprechen. Es nützte alles nichts. Die Weißen straften sich selbst Lügen, und eines Tages wurde der Stamm mit all seiner Habe in Güterwagen verfrachtet und nach Darlington verschickt.

Dieser unselige Ort inmitten Oklahomas Sandwüsten war in der Folge Ursache und Auftakt einer Tragödie, die in der Geschichte der Vereinigten Staaten von Nordamerika ihresgleichen sucht. Schon nach kurzem Aufenthalt erkannten die Indianer, daß diese Reservation und die Behandlung, die sie dort erfuhren, ihnen keine andere Wahl ließ, als entweder Hungers zu sterben, oder an Krankheit zugrunde zu gehen. Stumpfes Messer und die Seinen hatten zur Genüge bewiesen, daß sie den Tod nicht fürchteten, aber, so sagten sie sich und ihren weißen Aufsehern, wenn wir schon sterben müssen, dann nicht hier, sondern in unserer Heimat!

Getrieben von bitterer Todesnot und unstillbarer Sehnsucht nach den verlorenen grünen Jagdgründen, brachen die Cheyenne im September 1878 zu ihrem zweiten blutgezeichneten Marsche auf. Etwa zweihundertzwanzig Frauen und Kinder und achtzig kampffähige Krieger, teils zu Fuß, teils auf mageren Gäulen, schickten sie sich an, die mehr als tausend Meilen entfernte Heimat wieder zu finden. Der alte Häuptling Stumpfes Messer und sein treuer Gefährte Kleiner Wolf führten die abgezehrte Schar. Zwischen ihnen und ihrem Ziel standen rund dreizehntausend, mit Geschützen und modernen Gewehren wohlbewaffnete Soldaten.

Diesem heldenmütigen, verzweifelten Zug sind die nachfolgenden Kapitel gewidmet. Der Verfasser hat sich bemüht, den historischen Quellen nach Möglichkeit zu folgen, und er überreicht dieses Buch seinen jungen Lesern mit der begründeten Hoffnung, daß sie am tragischen Geschick der unglücklichen Cheyenne mit warmem Herzen Anteil nehmen.

E. H.

In der Verbannung

«Stets weiter drängen uns als ihre Herde,
Stets weiter, weiter die verfluchten Weißen,
Die kommen sind, uns von der Muttererde
Und von den alten Göttern wegzureißen.»

Nicolaus Lenau, «DER INDIANERZUG».

Man schrieb das Jahr 1878. Einem grauen, ungewaschenen Linnen gleich, lag der Staub über den ausgedörrten Sandsteppen Oklahomas, bedeckte die häßlichen Verwaltungsgebäude der Reservationsagentur Darlington und drang durch die Löcher in das dürftige Innere der Indianerzelte. Staub und Sand waren allgegenwärtig. Kein Lebewesen konnte sich dieser hartnäkkigen Plage entziehen. Sie entzündeten die Augen, verstopften Mund und Nase, quälten Menschen und Tiere gleichermaßen und verursachten tobende Wut oder stumpfe, lähmende Niedergeschlagenheit.

Zu Staub und Sand gesellte sich die furchtbare Hitze, die seit Wochen das öde, trostlose Land in glühenden Fesseln hielt. Längst war das ohnehin saftlos dünne Gras verbrannt, waren die spärlichen Quellen ausgetrocknet. Vom frühen Morgen bis zum späten Abend strahlte eine unbarmherzige Sonne vom wolkenlos blauen Himmel und wurde nicht müde, ihr grausames Zerstörungswerk zu vollenden.

*

Wieder war einer dieser gnadenlosen Hochsommertage zur Neige gegangen. Die letzten Strahlen des untergehenden Gestirns ließen die welligen Sanddünen golden aufschimmern und verliehen selbst den armseligen Zelten des Indianerlagers den Glanz früherer Schönheit. Alter Sitte gemäß, hatten die Cheyenne ihre Tipis im Kreise aufgestellt. Da und dort stieg Rauch kerzengerade zum abendlichen Himmel. Magere Hunde streunten hungrig schnüffelnd um die Behausungen. Etwas außerhalb des Runds, in einer flachen Mulde, waren die Ponies zusammengetrieben. Müde ließen die buntscheckigen Tiere ihre Köpfe hängen. Das einst so glatte Fell war struppig anzufühlen. Scharf zeichneten sich darunter die Rippen ab. Die Augen blickten stumpf und ergeben, — endgültig vorbei war jene sorglosschöne Zeit, da sie mit ihren Herren auf dem Rücken über die endlose grüne Prärie galoppieren durften.

Durch den Machtspruch des weißen Mannes war es Menschen und Tieren der Cheyenne vorausbestimmt, in dieser grauenvollen, wüsten Einöde, mehr als tausend Meilen von ihrer einstigen und rechtmäßigen Heimat entfernt, in elender Vergessenheit dahin zu siechen und zu — sterben...

*

Vor dem Zelte des alten Häuptlings Stumpfes Messer [1] waren die waffenfähigen Männer versammelt. Getrieben von der Not eines auswegslosen Daseins und von einem letzten Rest ungebrochenen, zähen Willens, dem scheinbar unausweichlichen und verhängnisvoll drohenden Schicksal zu trotzen, hatte der Häuptling einen Rat einberufen. Bevor er sich mit seinem Stamme widerstandslos aushungern oder durch schleichende Krankheiten ausrotten ließ, wollte er erfahren, wie die Krieger darüber dachten. Er wünschte ihre Meinung anzuhören, um nachher das zu tun, was die Mehrheit der Cheyenne als für gut und richtig erkannte. Welch klägliches Bild boten diese Männer dem Auge des Zeitgenossen. Notdürftig bedeckt mit zerlumpten Kleidungsstücken, die der siegreiche Weiße in einer mildtätigen Regung ihnen zugeworfen, saßen die einst so berühmten und gefürchteten „Ritter des Grasmeeres" vor ihrem alten Häuptling. Da und dort wippte noch eine zerzauste Adlerfeder auf ergrautem Haupte, zeu-

[1]) In der Sprache der Cheyenne hieß der Häuptling eigentlich «Wo'hè hiv» oder «Morgenstern». Die verbündeten Teton-Sioux nannten ihn «Stumpfes Messer» (Dull Knife), und unter diesem Namen ist er in die Geschichte der Vereinigten Staaten von Nordamerika eingegangen.

gend von längst vergangenen Heldentaten. Und doch: Tief verborgen in den Herzen dieser matten, sterbensmüden Krieger zuckte noch eine kleine Flamme, — die Sehnsucht, die unstillbare Sehnsucht nach der verlorenen Heimat...

Stumpfes Messer, angetan mit einem viel zu engen Soldatenrock und mit einer um die Hüfte gewickelten Wolldecke, stand inmitten seiner Brüder. Geduldig warteten die Männer auf das, was er ihnen zu sagen hatte. Sie kannten ihren Häuptling gut. Da war keiner in der Runde, der nicht bis vor kurzem Seite an Seite mit ihm gekämpft und geblutet, mit ihm den Büffel gejagt oder am Lagerfeuer gesessen und aufmerksam seinen Worten gelauscht hätte.

Damals war Stumpfes Messer noch ein Mann von imposantem, gebieterischem Aussehen gewesen, nicht eben groß, aber kräftig und gerade gewachsen. Auf den breiten Schultern saß ein Kopf, dessen scharf geschnittene Gesichtszüge Klugheit und Willensstärke offenbarten. In den dunklen Augen glomm das warme Feuer ehrlicher Offenheit, doch wußten Freunde und Feinde, die je mit ihm zusammengetroffen, daß sie auch unerschütterliche Entschlossenheit ausstrahlen oder sogar unbändigen Haß und lodernden Zorn sprühen konnten.

Seither war unermeßliches Leid über den Stamm der nördlichen Cheyenne gekommen. Trauer und Bitternis hatten den Häuptling gebeugt und sein Wesen verdüstert. Aber auch jetzt noch, da diese Indianer fern von ihren angestammten Jagdgründen in drängender Not und tiefem Elend leben mußten, spürte der Sachem die ungeminderte Zuneigung seines Volkes. Dieses Vertrauen allein hielt ihn noch aufrecht. Es war für ihn eine Quelle der Ermutigung, aus der er auch in den verzweifeltsten Lagen stets neue Kräfte zu schöpfen wußte.

Mit einem einzigen langen Blick umfaßte Stumpfes Messer die kleine Schar seiner Getreuen. Dann hob er den rechten Arm, wies nach der scheidenden Sonne und begann mit leiser, aber eindringlicher Stimme zu sprechen:

„So wie das Tagesgestirn jenseits dieser Hügel in das große Wasser sinkt, meine Brüder, so haben die Bleichgesichter uns immer mehr zurückgetrieben. Mit ihren zahllosen Soldaten und mit ihren gewaltigen Waffen raubten sie dem Indianer Heimat und Leben. Der weiße Mann will, daß sein roter Bruder vollends von diesem Boden verschwinde. Die Sonne sinkt, um wieder aufzustehen. Aber der Indianer geht und wird nicht wieder kommen. Seht die vielen Grabhügel rund um unser Dorf, meine Brüder. Dort liegen unsere Krieger, unsere Frauen und Kinder begraben, die seit unserer Ankunft in diesem verfluchten Land, ihre Wanderung in ein besseres Jenseits angetreten haben. Und denkt an jene Tapferen, die schon vorher im Kampfe mit den Blauröcken gefallen. Klein ist der einst mächtige Stamm der

Cheyenne [1] geworden und der Grabhügel werden immer mehr. Die Bleichgesichter haben uns die Heimat genommen, und nun wollen sie uns noch das Leben nehmen.

Der weiße Vater (Indianeragent) rät uns, den Boden aufzubrechen und Mais zu pflanzen. Als ob dieser Boden, dieser Sand, je einmal Frucht hervorbringen könnte!"

Mit bitterem Grimme bückte sich der alte Häuptling und ließ eine Handvoll staubfeinen Sandes durch seine knochigen Finger rinnen. „Früher jagten wir auf Pferdesrücken den Büffel. Ho, meine Brüder, war das eine glückliche Zeit. Wir kannten keinen Hunger und keine Krankheit in unseren Dörfern. Unsere Tipis hatten keine Löcher, und Stumpfes Messer mußte nicht die dünne Decke des weißen Mannes um seine Hüften winden. Die Frauen der Cheyenne durften lachen, und ihre Schönheit wurde an allen Lagerfeuern besungen. Das fröhliche Geschrei der Papuse tönte wie Musik in unseren Ohren. Der Große Geist liebte und beschützte

---

[1]) Die Cheyenne und mit ihnen auch die Arapahoe waren Algonkins und dadurch Glieder der größten indianischen Völkerfamilie Nordamerikas. Über die Herkunft des Namens «Cheyenne» gehen die Meinungen auseinander. Möglich, daß diese Bezeichnung eine von franko-kanadischen Waldläufern und Pelzhändlern überlieferte Verballhornung eines indianischen Namens darstellt. Die Cheyenne nannten sich selbst «Dzi-tsii-tsa», d. h. Volk. Von den Teton wurden sie «Sha-hi-yena» gerufen: «Volk einer andern Sprache».

seine roten Kinder. Mit den tapferen Teton und Arapahoe zogen wir gegen die Absaroka und Pawnee, und reich beladen mit Beute und geschmückt mit Skalpen kehrten wir wieder in unsere Dörfer zurück."

Stumpfes Messer schaute über die vor ihm sitzenden Brüder hinweg in jener Richtung, wo er die verlorene Heimat wußte. Lange stand er unbeweglich, starr, mit umwölkter Stirne, und sein Schweigen hatte etwas unsagbar Trauriges. Ergriffen sahen die Krieger in das schwelende Feuer, und mit ihrem alten Häuptling wanderten die Gedanken nach den grünen Weiden Nebraskas und Wyomings und nach den lieblichen Tälern in den Black Hills. Und einem jeden schien es, als schöpfe der von allen verehrte Sachem neue Kraft und frischen Mut aus der Erinnerung an die vergangenen glücklichen Zeiten. Seine vorher so eingesunkene Gestalt schien zu wachsen, sich zu straffen, und aus den müden Augen sprühten Kühnheit und Willenskraft.

Die Männer spürten das Vergangene, Unwiederbringliche mit ungestümer Macht aufkeimen. Die schwere Last der düsteren Gegenwart wich von ihnen. Die zerrissenen, zerlumpten Kleidungsstücke der Weißen, die sie auf ihrem Körper trugen, fielen ab. Sie fühlten wieder das kühle Hirschleder auf der bloßen Haut und ihre Augen erfreuten sich an den schmucken Verzierungen, die die fleißigen Hände ihrer Frauen gestickt. Sie sahen sich auf ihren feurigen Pferden sitzen, die Adlerfedern wippten auf und nieder, und aus ihren bemalten Gesichtern leuchteten stolze Kampfesbegierde und das herrliche Bewußtsein ungebundener Freiheit und kraftvoller Stärke. An ihrer Spitze ritten die Häuptlinge, allen voran Stumpfes Messer, der mutige Führer im Kriege und machtvolle Redner am Ratsfeuer. Siegesgewiß, mit herrischer Gebärde, schwang Kleiner Wolf das Bündel der „Heiligen Pfeile" [1] über dem befiederten Kopf. In ihren Ohren dröhnte die herrliche Musik der donnernden Pferdehufe, und aus ihren Kehlen gellte der aufreizende cheyennische Kriegsruf. Ho, ho, nehmt euch in acht, ihr Blauröcke, ihr Krähen und Ojibways, — die Hundekrieger reiten wieder, denn wo die „Dog soldiers" auftauchten, floh der Blaurock hinter die sicheren Mauern des Forts und verbargen sich Absaroka und Ojibway feige im Felsengewirr oder im Waldesdickicht.

Aber die Stimme des alten Sachems riß sie wieder aus ihren Träumen zurück in die dunkle Gegenwart. Verschwunden waren die schönen Bilder einer glücklichen Vergangenheit. Trauer und Elend legten sich von neuem felsenschwer auf ihre Seelen.

„Nun frage ich euch, meine Brüder, soll das alles, was wir miteinander erlebten, endgültig vorüber sein?

---

[1]) In diesem Bündel befanden sich vier Pfeile, zwei für die Jagd und zwei für den Krieg. Außerdem noch verschiedene andere heilige Gegenstände. In Kriegszeiten wurde es mit in die Schlacht geführt, um die Krieger anzuspornen.

Müssen wir zusehen, wie der Grabhügel um unsere Tipis immer mehr werden, wie der weiße Mann uns verspottet und verhöhnt? Sollen unsere Ohren weiterhin zuhören, wie er uns Essen verspricht und uns trotzdem hungern läßt? — Stumpfes Messer ist schon alt, und der Schnee manchen Winters hat seine Haare weiß gefärbt. Aber noch glüht in seinem Herzen ein Feuer, und diese Flammen werden erst erlöschen, wenn die Augen unsere Heimat gesehen haben! Denken meine Brüder ebenfalls so wie ihr Häuptling, oder ist er allein mit seinem Sehnen nach den verlorenen Jagdgründen?"

Ein Raunen der Ueberraschung ging durch die Zuhörer. So hatte Stumpfes Messer noch nie gesprochen, seit sie in der Verbannung lebten. Und seine Worte fanden bei allen Kriegern Widerhall. Von neuem stieg die Erinnerung in ihnen auf. Aber diesmal waren es keine Trugbilder längst vergangener Zeiten. Ihre Herzen füllten sich mit Mut, und der aufkeimende Wille, wieder zurückzukehren in ihre Heimat, wurde so stark und so mächtig, daß sie ihre zuchtvolle Erziehung vergaßen und mit lauten, jubelnden Zurufen ihrem Häuptling Beifall zollten.

Verwundert blickten die Frauen nach dem Ratsfeuer hinüber. Was mochte wohl in ihre Männer gefahren sein, daß sie sich wie toll gebärdeten? Hatte der Häuptling eine Frohbotschaft zu verkünden? Gab es endlich Lebensmittel, um den bohrenden Hunger zu stillen?

Oder hatten die Weißen gar erlaubt, daß sie wieder in ihre Heimat zurückkehren durften? Aber nein, daran war doch nicht zu denken...

Langsam ebbte der Lärm ab. Die Männer zügelten ihre Leidenschaften und aufgestauten Gefühle. Da erhob sich der alte Häuptling Little Chief. Mit zittrigem Schritt trat er in die Runde. Ehrerbietig rückten die Krieger beiseite, um dem alten Kämpfer den Weg freizugeben. Mit brüchiger Greisenstimme begann der weißhaarige Little Chief zu sprechen.

„Meine Brüder, einst war Little Chief einer der größten Krieger zwischen den Black Hills und den Rocky Mountains. Sein Name war gefürchtet an den Feuern der Absaroka und in den Forts der Blauröcke. Vor seinem Tipi flatterten Skalps sonder Zahl im Winde und seine Pferdeherde war so groß, daß zehn mal zehn mal zehn Finger nicht genügt hätten, sie zu zählen. Little Chief trug schon den Schnee des Alters unter der Federhaube, als er mit den Bleichgesichtern zum letzten Mal die Waffen kreuzte und sie in die Flucht schlug. Dann kam Little Chief mit seinen Brüdern an jenen Ort, den die Weißen Dar-ling-to-on nennen und seither spürt er, wie seine Kräfte schwinden und wie er dem Tode immer näher kommt. Ich bin krank in meinem Herzen, krank vor Heimweh und krank vor Trauer über den Tod unserer Kinder. Zu euch spricht ein alter Mann, der vom Leben kaum mehr etwas zu erwarten hat. Bald werde ich eingehen in die Ewigen Jagdgründe. Bevor ich mich aber für den letzten Pfad rüsten muß, möchte ich noch einmal unsere Heimat sehen, das weite, wogende Grasmeer und die ragenden Felsenberge. — Meine Brüder, bald wird Little Chief sich für immer niederlegen, aber nicht hier. Seine müden Augen sollen sich dort schließen, wo wir einst den Büffel jagten und dem Grizzly nachstellten. Little Chief geht heim!"

Nach ihm setzte Große Antilope die Pfeife ab, umwölkte sein Haupt mit dem Rauch des Basttabaks und sprach:

„Meine Brüder, pflanzt eine Eiche aus den Black Hills in den glühenden Sandboden dieser Wüste, und sie wird verdorren. Greift den Fisch aus dem Wasser und legt ihn auf die Erde, er wird verenden. Die Cheyenne sind wie die Eiche aus den Black Hills, wie der Fisch im Wasser. Sie sind krank und sie werden sterben, weil man sie ihrer Heimat beraubt hat. Große Antilope hat nicht die Gabe der Rede wie Stumpfes Messer oder Little Chief. Aber sein Herz schreit nach den verlorenen Jagdgründen und er wird zurückkehren, auch wenn er dabei sein Leben verlieren müßte."

Old Crow, ein Hüne von Gestalt und einst ein gefürchteter Krieger, stand auf und schüttelte seine Faust.

„Wir überfallen die Agentur und bemächtigen uns der Waffen und Lebensmittel! Tod den weißen Hunden!"

Aber Stumpfes Messer beschwichtigte den grimmigen Stammesgenossen. „Mein Bruder besitzt heißes Blut und will unbesonnen handeln. Euer und mein Wille ist es, von hier wegzuziehen. Aber wir wollen keinem Weißen ein Leid antun, wenn man auch uns in Ruhe läßt. Morgen werde ich mit Kleinem Wolf zum weißen Vater in die Agentur reiten und ihm unseren Entschluß mitteilen ..."

„... er wird euch gefangennehmen und einsperren lassen!" schrie Old Crow.

Stumpfes Messer schüttelte den Kopf.

„Wir wollen mit dem weißen Vater sprechen. Es ist besser, wenn wir in Frieden fortziehen können. Sollten wir trotzdem kämpfen müssen, — nun, wir wissen uns zu wehren. Aber die Cheyenne wollen nicht als erste Blut vergießen."

Kleiner Wolf stimmte dem Häuptling zu und mit ihm die große Mehrheit der Krieger. Stumpfes Messer schloß die Ratsversammlung und als die Männer kurze Zeit später in ihren Tipis, vereint mit den Familienangehörigen, das kärgliche Abendmahl einnahmen, sah man die Frauen und die Kinder der Cheyenne erstmals seit vielen Monaten wieder hoffnungsfroh lächeln ...

Die Gute-Hunde-Frau

«Lauschet nun dem Wort der Weisheit,
Lauschet nun dem Wort der Warnung.»

Longfeollow «HIAWATHA».

Kleiner Wolf, Old Crow, Little Chief, Strong Left Hand (Starke Linke Hand) und Tangle Hair (Wirres Haar) hatten sich im Tipi Stumpfen Messers eingefunden, um in gemeinsamem Gespräch den morgigen entscheidungsschweren Gang in die Agenturverwaltung zu erörtern. Sinnend saßen die Krieger um das lustig prasselnde Herdfeuer. Raschelnde Blätter, des alten Häuptlings Tochter und noch einzig gebliebenes Kind, nachdem seine hoffnungsvollen Söhne in den Kämpfen gegen die Bleichgesichter gefallen, reichte ihrem Vater die mit Kinnikinnik gestopfte Pfeife, zog ihm noch die Decke über die eingesunkenen Schultern und überzeugte sich mit einem prüfenden Blick, ob die Gäste allesamt wohlversorgt seien. Dann verschwand sie leise hinter dem Zeltvorhang.

Stumpfes Messer griff nach einem glühenden Holz und setzte die Pfeife in Brand. Nachdem er die ersten vier Züge dem Großen Geiste geweiht, reichte er das Kalumet dem ihm am nächsten Sitzenden. Dieser tat es dem Häuptling gleich und nach ihm wieder der Nächste, bis es die Runde gemacht. Nach dieser feierlichen Einleitung zog ein jeder seine eigene Pfeife aus den teils zierlich bestickten Säcken, füllten sie mit Tabak, und jetzt wandte sich Stumpfes Messer an seine Gäste:

„Meine Brüder, da wir am Ratsfeuer beschlossen haben, morgen beim weißen Vater vorzusprechen, um ihm mitzuteilen, daß die Cheyenne den Pfad nach Mitternacht wieder unter ihre Füße nehmen wollen, mag es angezeigt sein, wieder einmal zu vernehmen, wie der Große Geist vor vielen, vielen Wintern seine roten Kinder ebenfalls aus tiefster Not errettet hat."

Der Häuptling zog ein gerolltes Hirschleder unter der Decke hervor, entfaltete es und schaute geraume Weile auf die vielen Zeichen, mit denen die dünngeschabte, weißgegerbte Haut sorgfältig bemalt war. Stumm rauchten die Krieger, und Wolken von Kinnikinnik strichen um ihre nachdenklich gefurchten Stirnen. O-kum-harket (Kleiner Wolf) neigte bejahend den Kopf und erwiderte:

„Stumpfes Messer tut gut daran, das Sprechende Leder unserer Ahnen zu entfalten, um unsere Herzen mit Mut und Zuversicht zu füllen. Der Häuptling möge sprechen, unsere Ohren sind geöffnet."

Der Sachem beugte sich über das Leder und begann mit leiser, aber fester Stimme und mit wohl gesetzten Worten zu erzählen.

„So vernehmt denn, meine Brüder, was unsere Ahnen hier niedergelegt haben, auf daß sich die Cheyenne stets erinnern mögen, daß der Große Geist schon von Anfang an seine schützende Hand über unserem Stamme hielt. Vor vielen, vielen Wintern zogen die Cheyenne nackt und in bitterer Armut durch jene Gefilde, die zu allen Zeiten mit Schnee und Eis bedeckt sind. Sie besaßen weder wärmende Felle, um damit ihre frierenden Körper zu bedecken, noch Mokassins oder Schneeschuhe, um damit ihre Füße zu schützen. Der Gebrauch von Pfeil und Bogen war ihnen fremd, und sie fanden in dieser Wolfskälte auch keine Wurzeln und keine Beeren, mit denen sie ihren bitteren Hunger hätten stillen können. In ihren Reihen wanderten Tod und Krankheit mit, und über ihnen schwebte die Verzweiflung.

Da geschah es, daß eine Mutter, deren neugeborenes Kind der grimmigen Kälte zum Opfer gefallen, einen jungen, dem Verenden nahen Hund fand. Mitleidig hob sie das Tier auf, wärmte es mit ihrem Hauch und gab ihm zu trinken, da doch ihr eigener Sohn gestorben. Das kleine Tier erholte sich von Todesnot und Eisesstarre und wich fortan nicht mehr von der Seite seiner Retterin und Pflegemutter. Er wurde groß und stark und da erwies es sich, daß in ihm ein mächtiger und guter Geist verborgen war. Niemand verwehrte dem Hund die Führerschaft des Stammes, und bald erreichten sie auf geradem Pfade eine Gegend, in der je länger je mehr des Schnees und des Eises weniger wurden, und laue Winde ihre fühllos kalten Körper umwehten. Sie spürten unter ihren Sohlen den samtigen Boden des weiten Graslandes. Sie sahen gewaltige, nie endenwollende Büffelherden und zahllose Hirsch- und Antilopenrudel. An den Ufern der Seen und Flüsse hörten sie das ununterbrochene, warnende Knallen der Biberkellen. Der Hund war ein unermüdlicher Jäger. Kein anderes Tier konnte seiner Kraft widerstehen. Er schlug den Büffel und den Elk ebenso sicher wie den furchtbaren Grizzly. Er lehrte die Cheyenne, das Feuer zu entfachen, wie Pfeil und Bogen gefertigt und Kleider geschnitten werden. Der nagende Hunger wich, und an seine Stelle trat behagliches Wohlgefühl. Die Cheyenne wunderten sich, daß der Hund scheinbar noch keine Bleibe gefunden und immer weiter gen Mittag wanderte. Aber sie wagten dem mächtigen Tier nicht zu trotzen und folgten gehorsam seiner Spur. Sie erreichten Gebiete, die von Menschen gleicher Hautfarbe, aber mit anderen Sitten und anderer Sprache bewohnt waren und die ihre Waffen gegen sie erhoben. Doch der Hund war nicht nur ein ausgezeichneter Jäger, sondern ein ebenso kühner und tapferer Krieger gewesen, und unter seiner Führung wurden die Feinde besiegt. Mit den Haaren aus deren Kopfhäuten schmückten die Cheyenne ihre Kleider, säumten die Leggins und die Aermel der Jagdhemden. Endlich, nach vielen, vielen

Sonnen, legte sich der Hund nieder und gab so zu verstehen, daß er da zu bleiben wünschte.

Mit Freude und frohen Herzen errichteten die Cheyenne ihre Zelte und entfachten die Lagerfeuer. Dann vereinigten sie sich, um ihrem mächtigen Führer und Beschützer einen großen Huldigungstanz darzubringen. Aber, wie sehr sie ihn auch suchen und rufen mochten, — der Hund war verschwunden. Nachdem sie den ersten Schrecken über den Verlust ihres vierbeinigen Bruders überwunden, kehrten Freude und Zuversicht bei ihnen ein, denn jetzt wußten sie gewiß, was sie schon lange vermutet: Es war der Große Geist selbst gewesen, der sie aus Not und Tod in das neue, schöne Land geführt.

Seither beten die Cheyenne jede Sonne zum Großen Geiste und weil er sich ihnen in der Gestalt eines Hundes offenbarte, nennt man in unserem Stamme die tapfersten und mutigsten Krieger die ‚Hundekrieger'. Die Gute-Hunde-Frau aber, die sich seinerzeit des kleinen Tierchens so selbstlos angenommen, besaß bis zu ihrem Tode gewaltige, mächtige Medizin. Sie wurde von allen geliebt und jeder Krieger war dafür besorgt, daß ihr stets genügend Fleisch zur Verfügung stand und daß ihr Herdfeuer nie erlosch."

Der Erzähler schwieg und rollte das Sprechende Leder sorgfältig wieder zusammen. Dann schaute er auf seine Brüder und sprach mit Nachdruck: „Der Große

Geist hat seine roten Kinder auch jetzt noch lieb. Er wird morgen und immerdar seine schützende Hand über die Cheyenne halten. Glaubt mir, meine Brüder, wir werden unsere Jagdgründe wieder finden. Ich habe gesprochen."

Die Besucher erhoben sich und traten hinaus in die sternenklare Nacht. Der Mond war aufgestiegen und überflutete das Lager mit seinem Silberlicht. Ein lauer Wind kam vom Westen her, und seine sanften Stöße brachten die geöffneten Zeltklappen zum Knarren. Von ferne kläffte ein einsamer Koyote. Eine kleine Weile noch verharrten die Krieger in nachdenklich-stummem Schweigen, dann suchte ein jeder seine Schlafstätte auf.

Beim weißen Vater

*«Vater, erbarme Dich unser!
Alles ist zu Ende...
Wir werden Hungers sterben!
Vater, erbarme Dich unser!»*

Wieder sandte eine unbarmherzige Sonne ihre glühenden Strahlen auf das ausgedörrte Land hernieder, als Stumpfes Messer und Kleiner Wolf ihre brandmageren Gäule bestiegen. Ihre Gesichter waren schwarz bemalt, — Zeichen der Trauer und des Todes. Männer, Frauen und Kinder gaben den beiden Abgesandten eine Weile das Geleite, dabei unaufhörlich, in schleppendem Singsang betend. Sie flehten zum Großen Geiste, er möge die Ohren des weißen Vaters öffnen, auf daß er die Bitte der Häuptlinge anhöre und er möge sein Herz sprechen lassen, damit die Cheyenne wieder in ihre verlorenen Jagdgründe zurückkehren konnten.

Einige hundert Schritte außerhalb des Dorfes gebot Stumpfes Messer den Seinen, sie möchten nun zurückbleiben und mit ihren Gebeten fortfahren. Mit verbissenen Gesichtern schauten die Männer und tränenden Auges die Frauen, bis die zwei Reiter hinter der nächsten Bodenwelle verschwanden. Dann wandten sie sich wieder ihren Zelten entgegen und hörten nicht auf, den Großen Geist anzurufen ...

*

Lange ritten die Häuptlinge, ohne ein Wort miteinander zu sprechen. Ihre kegelförmig aufgestülpten Filzhüte hatten sie tief in die Stirne gezogen, um ihren Augen vor dem grellen, schmerzenden Licht Schutz zu bieten. Endlich richtete sich Stumpfes Messer etwas auf und wandte sich an Kleinen Wolf:

„Die Cheyenne", murmelte er mit müder Stimme, „haben, seit sie zum ersten Mal einem Bleichgesicht begegneten, immer versucht, mit diesen Fremden in Frieden zu leben. Nicht zum ersten Mal ist es, daß Stumpfes Messer den Pfad zu ihnen betreten hat, aber noch immer ist er mit leeren Händen zurückgekehrt. Vielleicht hat Stumpfes Messer falsch getan, daß er mit den Weißen stets zu verhandeln suchte, statt sie die Schärfe seiner Waffen spüren zu lassen. Aber jetzt ist es zu spät, und der Häuptling der Cheyenne kann sein Wesen nicht mehr ändern." Er verstummte. Wieder sank sein Kopf auf die Brust, und das unter dem Hut hervorquellende, schlohweiße Haar wippte im Takte des Pferdetrotts.

Die Worte des Häuptlings hatten in der Brust Kleinen Wolfs viele bittere und schmerzliche Erinnerungen wachgerufen. Wie oft hatte er sich mit Stumpfem Messer gestritten, wie oft hatte er am Ratsfeuer gegen ihn

Partei ergreifen müssen, wenn der Häuptling willens war, mit den weißen Feinden zu unterhandeln, statt ihnen mit der Waffe zu vergelten, was sie den Indianern angetan.

„Ho, mein Vater hat recht gesprochen", erwiderte der Jüngere endlich, „aber er hätte diese Worte früher finden sollen. Die Weißen kennen nur zwei Sachen, denen sie glauben und vor denen sie sich beugen. Es ist die Stärke der Waffen und die Sprechenden Papiere, die sie Do-lars nennen. Wer zu ihnen kommt, ohne Waffen und ohne Do-lars, den verspotten sie und jagen ihn fort, wie man ein lästiges Tier jagt. Stumpfes Messer weiß das so gut wie ich."

Der alte Häuptling sank noch mehr in sich zusammen. Ungerührt fuhr Kleiner Wolf mit seiner anklagenden Rede fort:

„Mein Vater denke zurück, als die Cheyenne das herrliche Grasland zwischen den Black Hills und den Rocky Mountains noch ihr eigen nannten. Viele Sonnen konnten sie reiten, ehe sie die Grenzen ihrer Jagdgründe berührten. Dann kamen die Bleichgesichter. Zuerst vereinzelt, — wir hätten sie ohne Mühe töten können. Aber Stumpfes Messer wollte mit ihnen in Frieden leben. Doch die Weißen vermehrten sich wie die Präriehunde und wurden frech wie die feigen Koyoten. Und mit ihnen hielt das Unglück Einzug in unseren Tipis. Die Bleichgesichter schossen die Büffel zusammen, bis

KLEINER WOLF (stehend) und
STUMPFES MESSER (sitzend)
Häuptlinge des nördlichen Cheyennestammes
(Smithsonian Institution, Washington)

Cheyennekrieger
(Smithsonian Institution, Washington)

das Grasland mit ihren Knochen bedeckt war. Was tat Stumpfes Messer vor dreizehn Wintern, als die Plage des bleichgesichtigen Ungeziefers immer größer wurde? Er saß mit ihnen an ein gemeinsames Ratsfeuer und ließ sich ein Sprechendes Leder geben, das die Weißen ‚Vertrag' [1] nannten. Stumpfes Messer nähte das Sprechende Leder sogar in das Bündel der ‚Heiligen Pfeile' und er hat nicht gewußt, daß er die Lüge mit unserem Heiligsten vereinigte."

Mit zusammengepreßten Lippen hörte sich Stumpfes Messer die Anklagen seines jüngeren Bruders an. Er fand keine Worte der Rechtfertigung und er trachtete auch nicht danach, sich zu wehren, denn Kleiner Wolf sprach die Wahrheit.

„Der Häuptling der Cheyenne weiß, wie lange die weißen Feinde diesen ‚Vertrag', der ewig gelten sollte, anerkannten. Ehe zwei Winter vergangen, legten die Bleichgesichter einen eisernen Weg mitten durch das Land der Cheyenne. Tag und Nacht donnerte das Dampfroß von Morgen nach Abend und umgekehrt. Sie spannten Drähte, die ihre Lügen von einem Dorf in das andere brachten, so schnell, wie der Blitz aus den Wolken fährt. Sie bauten ihre steinernen Häuser, die

---

[1]) Kleiner Wolf meinte den «Harney-Sanborn-Vertrag», der 1865 geschlossen wurde und den Cheyenne alles Land zwischen den Black Hills und den Rocky Mountains bis zu den Sand Hills in Nebraska als ewiges Eigentum sicherte.

sie ‚Forts' nannten, und sie schickten Soldaten in unsere Jagdgründe. Die wenigen Büffel flohen nach Mittag und kehrten nicht wieder. — Mehr noch, sie trieben ihre unermeßlich großen Viehherden, ihre Kühe mit den langen Hörnern [1] über Grund und Boden der Cheyenne. Sie verunreinigten die Flüsse, die Quellen, sie zerstampften das Gras und die jungen Wälder, und mit ihnen kamen Krankheit, Feuerwasser, Mord und Tod. Was tat Stumpfes Messer? — Er setzte sich mit den Weißen ans Ratsfeuer und ließ sich einen neuen ‚ewigen' Vertrag geben."

Bitteres Lachen schüttelte den ergrimmten Häuptling, aber ungerührt fuhr er mit seiner Anklagerede fort:

„Trotzdem Stumpfes Messer stets mit dem Friedenskalumet zu sehen war, kam es zum Krieg mit den Bleichgesichtern. Nicht der rote Mann griff als Erster zur Waffe, sondern die Blauröcke überfielen unsere Dörfer, töteten Frauen und Kinder und verbrannten die Tipis. Aber auch jetzt noch zögerte Stumpfes Messer. Er wollte nicht glauben, daß der Weiße danach trachtete, den Indianer auszurotten, ihn zu vernichten, um desto leichter sein Land stehlen zu können.

Wenn unsere Brüder, die Sioux und die Arapahoe, nicht ihrerseits das Kriegsbeil ausgegraben hätten, wür-

---

[1]) Der über 1500 Meilen lange «Chisholm Trail» führte von Texas nach Wyoming und durchquerte das unter [1]) Seite 33 erwähnte Gebiet.

den die Cheyenne wohl zugesehen haben, wie die Bleichgesichter ihr Raubwerk vollendeten. Kleiner Wolf weiß gut, daß Stumpfes Messer sich auf dem Kriegspfad kühn und tapfer geschlagen hat und daß er seinen Kriegern ein mutiger, listiger Führer war. Aber er kann ihm den Vorwurf nicht ersparen, durch sein langes Warten am Unglück unseres Volkes mitschuldig zu sein."

Der alte Häuptling richtete sich wieder auf. Starr blickte er geradeaus in die flimmernde Wüste. Dann entgegnete er mit tonloser Stimme:

„Mein Bruder Kleiner Wolf hat wahr gesprochen. Stumpfes Messer glaubte dem Bleichgesicht, wenn es ihm Frieden und Freundschaft versprach. Er hat die Warnungen seiner eigenen Brüder in den Wind geschlagen. Er liebt den Frieden mehr als den Krieg, und er hat deswegen seine Söhne auf dem Schlachtfeld gelassen. Kleiner Wolf mag mir aber glauben, wenn ich ihm versichere, daß Stumpfes Messer nicht mehr auf die Lügen der Weißen hören wird. Wohl gefällt mir besser das Lachen und Scherzen in den Zelten der Cheyenne, als das Weinen der Frauen um die gefallenen Männer. Aber jetzt haben wir nicht Krieg, und trotzdem trauern die Indianer um ihre verstorbenen Angehörigen. Das Weinen bricht nicht ab und deshalb wird Stumpfes Messer sein Volk nach Hause führen, auch wenn wir kämpfen müßten."

Erschöpft hielt der Greis inne. Ueber das harte Gesicht des Jüngeren huschte ein Lächeln. Seine Stimme klang merklich wärmer, als er antwortete:

„Wohl, mein weiser Vater hat gut gesprochen. Kleiner Wolf spürt, daß unsere Herzen gemeinsam schlagen und daß wir eines Sinnes sind. Aber Stumpfes Messer ist müde. Der Schnee vieler Winter lastet auf seinem Haupte. Der Häuptling erlaube seinem jüngeren Bruder, daß er mit dem weißen Vater unterhandeln soll. Auch dieser ist ein Bleichgesicht, und seine Zunge ist gespalten. Kleiner Wolf wird für den Häuptling sprechen und er weiß, daß seine Worte auch die Worte Stumpfen Messers sind."

Der Greis nickte.

„So sei es!"

Kleiner Wolf hielt seine Rechte über die Augen. Vor ihnen tauchten die grauen, staubbedeckten Gebäude der Agentur auf. Auch Stumpfes Messer sah die Häuser, und er murmelte:

„Großer Geist, der du die Cheyenne vor vielen Wintern aus Eis und Schnee geführt hast, — zeige ihnen auch jetzt den rechten Pfad, auf daß sie ihre Heimat wieder finden."

Sie waren am Ziele angelangt.

*

John D. Miles, der Indianeragent und Verantwortliche der Reservation in Darlington, saß in einem Schaukelstuhl unter dem schattigen Vordach seines Hauses. Eben hatten sich Lucy, seine Frau, die als Lehrerin an der Agenturschule tätig war und John Seger, sein erster Gehilfe und Stellvertreter zu ihm gesellt. Miles hatte ein nicht unangenehmes, etwas weiches Gesicht, in dem sich zögernde Unentschlossenheit und milde Entsagung offenbarten. Aus Glaube und Neigung war er seinerzeit Quäker geworden. Lucy, adrett gekleidet und hübsch von Angesicht, verriet hingegen in ihrem ganzen Wesen, daß sie, wenn es die Lage erforderte, recht energisch sein konnte und auch jederzeit von der Richtigkeit ihres Tuns überzeugt war. Man ging wohl kaum fehl in der Annahme, daß Frau Lucy und der strebsame John Seger in Wirklichkeit die Geschäfte der Reservation leiteten. Miles war, obwohl er seit sechs Jahren dieser Agentur vorstand, im ganzen etwas weltfremd. Er verstand sich nicht gut mit den Offizieren im benachbarten Fort Reno. Militärisches Wesen war ihm ein Greuel. Er zeigte den Herren seine Abneigung offen und wünschte im übrigen zu Gott, daß er nie dazu gezwungen würde, die Hilfe der bewaffneten Macht in Anspruch zu nehmen.

Aber noch viel weniger verstand er sich mit den seiner Obhut anvertrauten Indianern. Nicht, daß er etwa aus Rassenstolz seine rothäutigen Schützlinge verachtet hätte. Das verbot ihm schon seine quäkerische Ueberzeugung. Aber er wurde nicht klug aus ihnen und gab sich übrigens auch keine Mühe, ihnen irgendwie näher zu kommen. So konnte es nicht verwundern, daß das gegenseitige Verhältnis mehr als unerfreulich war. Miles litt sichtlich darunter, aber er war zu träge und wohl auch zu gleichgültig, eine Aenderung herbeizuführen.

Eine stete Quelle des Verdrusses und des Aergers bildeten vorab die nördlichen Cheyenneindianer, die vor einem Jahr mit starker militärischer Bedeckung nach Darlington eingeliefert worden waren. Man hatte ihn vor diesen Wilden gewarnt und ihm empfohlen, sie scharf anzufassen. Miles konnte das nicht und anderseits lehnte er es ab, das Militär zu Rate zu ziehen. Es war ihm im Verlaufe dieses Jahres nie gelungen, mit den Cheyenne irgendwelche Beziehungen anzuknüpfen. Sie zeigten sich ihm und den andern Weißen gegenüber stolz und unnahbar — Miles nannte es verstockt und feindselig — obwohl sie nur in Lumpen gekleidet waren. Er hatte sie nicht dazu bewegen können, Hackfrüchte anzubauen und ein geregeltes häusliches Leben zu beginnen. Aber kann man den wild eingefangenen Berglöwen in eine Hundehütte stecken und ihm die Resten vom Tische des Menschen zum Fraße vorsetzen?

Stumpfes Messer und die Seinen wohnten in ihren mitgebrachten Tipis und die Männer oblagen der Jagd, wie sie es immer getan und nie anders gekannt, — allerdings mit kläglichem Erfolg. Längst waren die Büffel vergrämt oder gar ausgerottet, und auch das Rotwild zeigte sich nur in seltenen Fällen. Kein Wunder, daß die Indianer bitteren Hunger litten. Miles hatte schon für die länger ansässigen Rothäute immer zuwenig Lebensmittel erhalten, und selbst nach Ankunft der Cheyenne wurden die Lieferungen nicht erhöht. Keiner der in der Agentur tätigen Weißen, Miles nicht ausgenommen, konnte sich der Tatsache verschließen, daß der Stamm Stumpfen Messers an der äußersten Grenze eines menschenwürdigen Daseins lebte. Aber man war geneigt, die Indianer selbst dafür verantwortlich zu machen, denn sie zeigten sich auch gar zu verstockt und bar jeglichen Entgegenkommens. Sie weigerten sich standhaft, ihre Kinder in die Reservationsschule zu schicken; sie wollten nicht von ihrer heidnischen Irrlehre ablassen, — ach, man hatte mit diesen Leuten nichts als Aerger und Scherereien!

Ein indianisches Hausmädchen hatte das Essen für die Dame und die beiden Herren aufgetragen. Frau Lucy ordnete noch das Besteck, wischte etwas Staub von den Tellern und bemerkte mißbilligend, daß das Mädchen trotz jahrelanger Erziehung einfach nicht Ordnung halten könne. John Miles lächelte begütigend ob dem Eifer seiner Gattin und erhob sich ächzend aus dem Schaukelstuhl.

„Na, was starrst du in die glühende Steppe hinaus, John?" wandte er sich an seinen Gehilfen, „gib acht, daß du dir nicht die Augen entzündest."

„Keine Sorge, Master", entgegnete Seger, „aber riskiert doch selbst einen Blick, — mir scheint, es kommt jemand angeritten."

Miles kniff die Augen zusammen und folgte der angedeuteten Richtung. Ein Anflug von Unmut und Sorge zeigte sich auf seinem Gesicht.

„Bei Gott, Lucy, John hat richtig gesehen. Jemand nähert sich der Agentur. Ob es wohl Soldaten sein mögen?"

Die Hausfrau legte ihre Serviette auf den Tisch und hielt beide Hände an die Stirne. Plötzlich stampfte sie erbost auf den Bretterboden.

„Nein, mein Lieber, das sind keine Soldaten! So reiten nur Indianer. Bestimmt sind es wieder die lästigen ‚Dog soldiers'. Man hat keine Ruhe vor diesen Kerlen! Ausgerechnet jetzt, wo wir uns zum Mittagessen setzen wollen."

Sie öffnete die Türe und rief nach dem Mädchen.

„Annie, räume sofort ab. Wir essen später!"

Die Indianerin gehorchte und verschwand mit den Schüsseln und Tellern. Seufzend, ergeben ließ sich Miles wieder in den Schaukelstuhl fallen. Einige Minuten später hielten zwei Reiter vor dem Agenturgebäude und stiegen von ihren brandmageren Gäulen. Ihre Bewegungen waren kraftlos, die Augen blickten fiebrig, und in den zerlumpten Kleidungsstücken sahen sie eher wie zwei Landstreicher, denn als Häuptlinge aus. Strähnig hing das Haar über die ausgemergelten, schwarz bemalten Gesichter. Und wie sie da, an ihre zittrigen Gäule gelehnt, in der glühenden Sonnenhitze standen, boten sie einen bejammernswerten, elenden Anblick.

„Stumpfes Messer und Kleiner Wolf", murmelte Miles und trommelte nervös mit den Fingern auf den Stuhllehnen.

„Heiße sie auf die Terrasse kommen, John, und dann eile in den Kaufladen hinüber und bestelle Edmond Guerrier, daß er sofort herkommt." Seger nickte, eilte zu den zwei Häuptlingen und bedeutete ihnen, daß der weiße Vater sie näher haben wolle und begab sich dann auf die Suche nach dem Dolmetscher.

Die Cheyenne führten ihre Pferde in den Schatten der Terrasse, banden sie an einem hervorstehenden Balken fest und hingen ihre Hüte an den Sattelknauf. Dann stiegen sie die Treppe hinauf und schüttelten dem Agenten und dessen Frau grüßend die Hand.

Miles wußte sich die schwarze Farbe in den schweißnassen, von der Malaria gezeichneten Gesichtern der Indianer nicht zu deuten. Ein Gefühl drohenden Unheils stieg in ihm auf und er war ärgerlich auf sich selbst, daß er die Sprache der „Dog soldiers" nach so langer Zeit immer noch nicht beherrschte. Seger konnte sich zwar leidlich verständigen, aber wenn es um grundsätzliche Dinge ging, waren sie beide doch immer auf den Dolmetscher angewiesen. Und diesmal m u ß t e es sich um etwas Wichtiges handeln. Miles spürte es und sah es auch den Indianern an, deren farbverschmierte, eingefallene Gesichter trotz allem unbeugsame Entschlossenheit offenbarten. Stumm, mit niedergeschlagenen Augen — als ob sie schlafen würden, dachte Miles — standen die Indianer an das Terrassengeländer angelehnt. Aber selbst in ihrer Hinfälligkeit glaubte der Agent noch so etwas wie eine Drohung zu sehen. Er zog sein Taschentuch und wischte sich den perlenden Schweiß von der Stirne. Oh, diese Hitze!

Endlich erschien John Seger mit dem halbblütigen Dolmetscher. Miles winkte sie zu sich heran. Frau Lucy hielt sich im Hintergrund.

Guerrier eröffnete das Gespräch und frug die Cheyenne nach der Ursache ihres überraschenden Besuches. Kleiner Wolf trat einen Schritt vorwärts. Er faßte die Weißen scharf ins Auge, reckte sich und begann mit kehliger Stimme zu sprechen.

„Mein Vater, durch meine Zunge spricht zu dir Stumpfes Messer, der Häuptling der Cheyenne, und es sprechen zu dir alle Krieger, Frauen und Kinder unseres Stammes. Mein Vater, öffne deine Ohren und höre gut auf die Worte Kleinen Wolfs. Siehe, wir kamen zu dir, getrieben vom Weinen unserer Frauen und Kinder. Wir kamen zu dir, weil der Grabhügel um die Tipis immer mehr werden. Höre mich an, und deine Ohren vernehmen die Stimme der Cheyenne. Mein Vater, du siehst die glühende Sonne, die den Boden verbrennt, das wenige Gras verdorrt und die spärlichen Quellen zum Versiegen bringt. Du kennst den eisigen Wind im Winter, der unsere Feuer verlöscht, die Tipis zerstört und alles steinhart gefrieren läßt. Die glühenden Sonnenstrahlen und der eisige Sturmwind haben in Dar-ling-to-on mehr Cheyenne getötet, als die Pfeile der Absaroka, als die Kugeln der Blauröcke. Unsere Jäger suchen den Büffel, — sie finden ihn nicht. Sie suchen den weißgeschwänzten Hirsch, — er ist verschwunden. Was die Sonne und was der eisige Wind verschonen, tötet der Hunger und wer dem Hunger widersteht, wird von der Krankheit, die ihr Ma-la-ri-a nennt, gefällt. Mein Vater, Stumpfes Messer und Kleiner Wolf haben ihre Stirnen schwarz bemalt, weil der Tod in den Tipis der Cheyenne Gastrecht hat. Es ist kein gutes Land hier. Deine weißen Brüder, die uns die Jagdgründe genommen und uns geraten haben, nach Dar-ling-to-on zu gehen, haben mit doppelter Zunge gesprochen. Sieh die schwarze Farbe auf unseren Gesichtern. Wir werden sterben müssen, ehe der kalte Wind wieder bläst. Mein Vater, höre unsere Worte, und lasse dein Herz sprechen. Gib den Cheyenne die Erlaubnis, daß sie zurückkehren in jenes Land, das ihnen gehört und das man ihnen durch eine Lüge genommen hat. Wir wollen fort, hörst du, Vater, wir wollen zurück in unsere Heimat."

Für einen Cheyenne schien Kleiner Wolf eher klein

gewachsen. Aber früher, bevor Not und Krankheit ihn gezeichnet, mußte er gut ausgesehen haben. Sein Gesicht verriet Energie und Klugheit, und die schwarzen Augen glänzten im Feuer der Leidenschaft. Neben ihm wirkte Stumpfes Messer schwach und gebrechlich. Nur mit äußerster Anstrengung konnte der Greis noch aufrecht stehen. Kummer und hoffnungslose Trauer überschatteten sein eingefallenes Gesicht.

Mit teilnahmsloser, gleichgültiger Stimme übertrug Edmond Guerrier die Worte Stumpfen Messers. Schon nach den ersten Sätzen gähnte Miles gelangweilt, — immer die gleiche Melodie, seit einem Jahr immer die gleiche Melodie! Er erhob sich.

„Nicht zum ersten Mal höre ich, was die Häuptlinge der Cheyenne zu sagen haben. Aber ich kann eure Bitte nicht entgegennehmen. Der Große weiße Vater in Washington hat euch dieses Land als neue Heimat angewiesen. Statt euch deswegen dankbar zu zeigen, liegt ihr mir ständig mit euren Klagen in den Ohren und jetzt wollt ihr sogar wegziehen! Ich kann euch nur wiederholen, was ich euch immer geraten habe: bepflanzt den Boden, und ihr werdet nicht länger mehr Hunger leiden!"

Kleiner Wolf schüttelte den Kopf.

„Die Cheyenne sind Jäger und nicht das, was die Bleichgesichter ‚Bauern' nennen. Unsere Frauen wollten deinem Rate gehorchen, mein Vater, aber du gibst ihnen kein Saatzeug. Außerdem sagen sie, der Boden sei schlecht. Nur Sand, keine Erde. Mein Vater, wir sterben hier. Schaue uns an. Wir sind krank. Krank vor Hunger, krank vor Hitze, und unsere Herzen schreien nach der verlorenen Heimat. Wir wollen fort!"

Der Häuptling griff nach der Hand des Agenten und preßte sie mit verzweifelter Kraft. Beschwörend schrie er ihm entgegen:

„Mein Vater, laß mich und einige meiner Brüder nach Washington ziehen, daß wir dem Großen weißen Vater unser Leid erzählen. Daß wir den Großen weißen Vater um Gerechtigkeit bitten. Du sagst, daß er die Cheyenne liebt. Aber sicher kennt er dieses Land hier in Dar-ling-to-on nicht, sonst würde er nicht haben wollen, daß seine roten Kinder an Krankheit und Entbehrung sterben."

Miles wies auch diesen Vorschlag zurück.

„Es hat keinen Zweck, Häuptling. Du darfst nicht nach Washington. Der Große weiße Vater ist zu sehr beschäftigt. Er spricht durch meine Zunge. Nun kehrt zurück, tut wie ich euch sagte und vertraut auf den mächtigen weißen Manitu, — dann wird es euch besser ergehen."

Aber Kleiner Wolf ließ nicht locker.

„Mein Vater, dein Herz ist hart wie der Boden im Winter, wenn der eisige Wind darüber streicht. Wenn du die Cheyenne nicht selber nach Washington gehen lassen willst, so sende dem Großen weißen Vater wenigstens ein Sprechendes Papier, damit er lesen kann, wie seine roten Kinder in Dar-ling-to-on leiden."

Miles wurde ob der Hartnäckigkeit des Häuptlings ungeduldig. Schärfer vielleicht, als er eigentlich beabsichtigt, antwortete er:

„Geht jetzt zurück! Geduldet euch noch ein weiteres Jahr. Zeigt, daß ihr willens seid, euch selber zu helfen. Mit Jammern und Klagen erreicht man nichts. Betet zum Großen weißen Manitu."

Nun griff auch Stumpfes Messer in das Gespräch ein. Seine tonlose Greisenstimme glich einem Flüstern, aber seine Worte entbehrten nicht einer gewissen Festigkeit.

„Nach einem Jahr, Vater, wirst du dir nicht mehr die Mühe nehmen müssen, die Klagen der Cheyenne anzuhören. Nach einem Jahr werden wir alle gestorben sein. Dann ist keiner von uns mehr da, der in die Heimat zurückkehren könnte. Ich habe gesprochen."

Die Cheyenne schüttelten allen die Hände, wandten sich um und begaben sich zu ihren Pferden. Sie stiegen in die Sättel und trotteten davon. Stets kleiner und kleiner wurden ihre armseligen Gestalten im flimmernden, stechenden Mittagslicht. Bald verschwanden sie aus dem Gesichtskreis der Zurückgebliebenen.

„Du kannst gehen, Edmond", sagte Miles zum Dolmetscher und zu seiner Frau gewandt, befahl er: „Lucy, laß das Essen auftragen."

Die Flucht

«O, der Hunger und das Fieber!
O, des Hungers langsam Zehren!
O, des Fiebers rasch verheeren!
O, das Wehgeschrei der Kinder!
O, die Qual und Angst der Frauen!»

Longfellow «HIAWATHA».

Trauer und Niedergeschlagenheit herrschten an diesem schwül-heißen Augustabend im Dorfe der Cheyenne. Verzweiflung bemächtigte sich der Frauen, als Stumpfes Messer und Kleiner Wolf den bösen Bescheid aus der Agentur zurückbrachten. Die Krieger aber strichen sich die Farben des Todes ins Gesicht, — sie wußten nun, daß der weiße Mann ihren Untergang wollte.

Stumpfes Messer hatte die Männer ans Ratsfeuer gerufen und schilderte ihnen, wie der weiße Vater sich ihren Bitten gegenüber taub und unzugänglich zeigte.

„Wir wollen nun alle miteinander überlegen, was zu tun ist", schloß der Greis seinen Bericht, „und jetzt kehrt zurück in eure Tipis. Wenn die Sonne wieder aufgegangen, werde ich eure Meinung anhören. Was die Mehrheit der Krieger beschließen wird, soll dann geschehen."

Am nächsten Tag, seit langem hatte sich der Himmel wieder einmal bewölkt und von Westen her grollte dumpfes Donnerrollen, versammelten sich die Krieger erneut um ihre Häuptlinge. Stumpfes Messer eröffnete die Beratung, und einer nach dem andern trat vor und gab seinen über Nacht gefaßten Entschluß bekannt. Es sprach der Aufrecht-stehende-Bär, ein Greis von wohl nahezu hundert Jahren. Aus dem verwitterten, durchfurchten Ledergesicht und aus den tiefschwarzen, von der Stirne überschatteten Augen blitzte noch immer tödlicher Haß gegen den bleichgesichtigen Erbfeind der roten Rasse. Zwei jüngere Krieger trugen den hinfällig gewordenen Körper des Alten in die Mitte des Kreises und stützten ihn während seiner Rede.

„Das Haar des Aufrecht-stehenden-Bärs ist weiß geworden vom Schnee unzähliger Winter. Seine Knochen sind morsch, und sein Blut ist kalt. Frost und Hitze haben die Kraft aus seinem Mark gesogen, und er muß sich tragen lassen wie ein kleiner Papus auf dem Rükken seiner Mutter. Aber Aufrecht-stehender-Bär war nicht immer so. Sein Geist erinnert sich jener Zeit, da die Federkrone des Häuptlings auf seinem Kopfe wippte, da die Skalpe der Absaroka und Schwarzfüße seine Schenkel wärmten und über dem Rauche seines Herdfeuers trockneten. Der Name des Aufrecht-stehenden-Bärs von den Cheyenne ward gehaßt und gefürchtet bei den Feinden und wurde mit Ehrfurcht gesprochen in

Die Cheyenne erhalten den Verbannungsbefehl nach Oklahoma
(Fox-Film)

Häuptling LITTLE CHIEF
(Smithsonian Institution, Washington)

den Dörfern der Sioux und der Arapahoe. Er war ein großer Häuptling und ein tapferer Krieger."

Erschöpft hielt der Greis inne. Einer der jungen Männer hielt ihm das Kalumet an die Lippen, und mit tiefen Zügen trank Aufrecht-stehender-Bär die Labe des Tabakrauches.

„Meine Brüder", fuhr der alte Mann mit hohler Stimme weiter, „der Häuptling steht an der Pforte der Ewigen Jagdgründe, er hat nicht mehr lange Zeit zu leben. Hört gut zu, was er euch zu sagen hat. Auch wenn seine Faust den Tomahawk nicht mehr zu führen weiß, so ist sein Geist doch ungebrochen, und aus seinen Worten spricht die Weisheit des Alters. Noch nie hat der Hundekrieger sich ohne Zwang dem Bleichgesicht unterworfen! Sind die Cheyenne zu Koyoten geworden, daß sie auf allen vieren vor den weißen Vater kriechen und ihn bitten, er möge sie wieder in ihre Heimat zurückziehen lassen? Sollen die Hundekrieger sich Weiberröcke anziehen und Bohnen pflanzen? Haben wir nicht junge, tapfere Männer unter uns, die noch wissen, wie die Cheyenne zu kämpfen verstehen? Aufrecht-stehender-Bär ruft euch zu: Schärft den Tomahawk! Spannt die Sehne des Bogens und haltet das Pulver trocken! Rüstet euch für den Kriegspfad!"

Ermattet von den Anstrengungen seiner Rede sank der Greis in die Arme der ihn sorglich stützenden Männer und wurde von ihnen wieder zurückgetragen. Beifälliges Gemurmel durchlief die Reihen und bewundernde Blicke begleiteten den tapferen Greis, der lieber kämpfen wollte, als widerstandslos den sicheren Tod zu erwarten.

Old Crow, der gewaltige Krieger trat vor. Flammenschein überzuckte seine Hünengestalt und beleuchtete den narbigen Oberkörper. Seine Stimme übertönte das Rollen des fernen Donners.

„Der Aufrecht-stehende-Bär hat gut gesprochen. Seit die Cheyenne in Dar-ling-to-on weilen, hat Krähe zum ersten Mal solche kühnen Worte am Ratsfeuer vernommen. Nacht ist um uns gewesen, aber mein alter Vater hat ein Licht angezündet, damit Krähe und seine Brüder den richtigen Pfad wieder finden. Was zögern wir noch lange? Was hält uns noch in dieser verfluchten Gegend? Brechen wir die Tipis ab! Löschen wir die Feuer! Krähe fürchtet die Bleichgesichter nicht. Er wird vernichten, was sich ihm in den Weg stellt."

Noch waren die zustimmenden Rufe nicht verhallt, da erhob sich ein junger Krieger und heischte Gehör.

„Vor euch steht Schwarzes Pferd, der Sohn des Kreisenden Falken. Schwarzes Pferd spricht für sich und seine Blutsbrüder Schneller Fuchs und Luchs. Er und seine Freunde haben ihre Eltern und ihre Geschwister im Kampfe gegen die Bleichgesichter verloren. Sie wollen nicht mehr länger hier in Dar-ling-to-on leben und von der Gnade des weißen Vaters abhängig sein. Drei junge

Krieger werden heute noch aufbrechen und zurückwandern in jene Jagdgründe, die man ihre Heimat nennt. Schwarzes Pferd hat gesprochen."

Die kühnen Worte des Jünglings fanden Zustimmung und Widerspruch zugleich. Auf und ab wogte der Meinungsstreit und die Mehrheit der Versammelten fand, daß es gefährlich wäre, die Kraft der Cheyenne zu zersplittern. Stumpfes Messer gebot Schweigen.

„Meine jungen Freunde sind wie das Wildwasser, das von den Felsen stürzt, brausend und überschäumend. Sie sind wie der junge Büffelstier, kühn und ohne Furcht. Aber das Wildwasser zerstiebt in tausend kleine Tropfen und verliert seine Gewalt. Und der junge Büffelstier rennt blindlings in den Pfeil des Jägers und verzuckt am Boden. Ein Hundekrieger muß nicht nur kämpfen, er muß auch denken können. Schwarzes Pferd und seine Freunde mögen sich die Worte ihres Häuptlings gut überlegen."

In jähem Zorne kehrte sich der junge Krieger gegen Stumpfes Messer:

„Worte, Worte, nichts als Worte! Schwarzes Pferd hat genug Worte gehört. Süße Worte vom Bleichgesicht, hinter denen die Lüge stand und weise Worte am Ratsfeuer der Cheyenne, denen aber keine Taten folgten. Schwarzes Pferd hat gesprochen, und er pflegt nur einmal zu sprechen!"

Schwarzes Pferd verließ den Kreis, gefolgt von

Schnellem Fuß und Luchs. Sie verschwanden in dem von ihnen bis jetzt gemeinsam bewohnten Zelt. Einige Augenblicke später sah man sie, behangen mit ihren Waffen zur Pferdeherde eilen. Im Nu hatten sie ihre Tiere herausgeholt, saßen auf und entschwanden aus dem Gesichtskreis der von dieser unerhörten Tat überraschten Krieger.

Endlich erholten sich die Männer von ihrem Staunen. Keiner von ihnen hatte je an einem Ratsfeuer ähnliches erlebt. Aufrecht-stehender-Bär schüttelte besorgt sein weißes Haupt und murrte: „Unbesonnenheit ist gefährlicher als der mächtigste Feind." — Zürnend grollte Kleiner Wolf: „Wenn der Bison rennt, sieht er den Abgrund nicht." — Little Chief klagte: „Das Füllen glaubt klüger zu sein als der Leithengst." — Immer stärker wurde das Stimmengewirr und immer schärfer die Kritik am überstürzten, eigennützigen Handeln der drei jungen Krieger. Früher pflegten die Cheyenne solche Tat mit dem Ausschluß aus dem Stamme oder gar mit dem Tode zu ahnden. Nun, da sie in Gefangenschaft lebten, mußte man sie hinnehmen, — denn nur dem Freien steht es an zu richten! Bleierne Schwüle drückte auf das Lager. Kein Windhauch kühlte die erhitzten Gesichter, und kein Regentropfen netzte die dürstende Erde. Wohl blitzte flüchtiges Wetterleuchten über den fahlen Himmel, und donnerte es pausenlos von Westen her. Aber der erlösende, befreiende Ausbruch

— von den Indianern gleichermaßen gefürchtet und ersehnt — ließ auf sich warten.

Die Beratung ging weiter. Bis der letzte Krieger gesprochen und seine Meinung kundgetan, war alsgemach Abend geworden. Und mit dem Eindunkeln verzogen sich auch die Gewitterwolken. Da und dort blitzten bereits wieder die Sterne. Im Osten stieg der Mond über den Sanddünen auf. Sein Licht fegte das Firmament blank und verscheuchte die letzten Nachzügler des abziehenden Gewölks.

Häuptling Stumpfes Messer erhob sich, um das Schlußwort der zu Ende gegangenen Beratung zu sprechen.

„Meine Brüder! Jeder hat frei und unbehindert seine Meinung vorgetragen und nun, da wir am Ende unserer Beratung angelangt sind, weiß ich, daß die Cheyenne nur ein Ziel kennen: Zurück in die Heimat! Stumpfes Messer wird sich mit den andern Häuptlingen des Stammes über den Tag unserer Rückkehr schlüssig werden. Geht nun wieder zu euren Frauen und Kindern und berichtet ihnen, was wir hier beschlossen haben. Vertraut euren Führern, — die Stunde, da sie euch rufen, um gemeinsam mit euch den Pfad nach unserer Heimat zu gehen, ist nahe. Aber bis dahin hütet eure Zunge den Weißen gegenüber. Sprecht kein Wort zu ihnen, was am Ratsfeuer verhandelt wurde. Bleibt stumm, wie die Fische im Wasser. Schärft das auch euren Frauen und Kindern ein. Denkt daran, daß Schwarzes Pferd und seine Freunde die Gefahr des Verdachtes und des Verrates vergrößert haben. — Kehrt nun zurück in eure Tipis und betet zum Großen Geiste, daß er unser Vorhaben segnen möge. Ich habe gesprochen."

Der Ratsplatz entvölkerte sich. Die Krieger suchten ihre Heimstätten auf. Nun, da sie wußten, daß der letzte, entscheidende Schritt in Bälde bevorstand, wurden ihre Herzen leichter und sie freuten sich darauf, ihren Angehörigen die frohe Kunde übermitteln zu dürfen.

*

Miles und Seger hielten sich im Verwaltungsgebäude auf und erledigten ihre täglichen Schreibarbeiten. Es klopfte und herein trat Jimmy Bear, ein Reservationsindianer aus dem Stamme der Arapahoe. Auf seinem Kopfe trug er den allgemein üblichen, kegelförmig zugespitzten Filzhut, in dessen Kordel eine Hühnerfeder gesteckt war. Lange Haarsträhnen fielen ihm bis über die Schultern hinab. Jimmy Bear huldigte bereits, wie viele seiner Brüder, den schlechten Sitten der Weißen; er trank heimlich, nahm es mit der Wahrheit nicht allzu genau, drückte sich von jeder Arbeit und vernachlässigte seine Familie. Miles hatte ihn deswegen schon mehrere Male ernstlich verwarnt und ihm sogar Gefängnisstrafe angedroht. Da aber Jimmy oft mit wertvollen Nachrichten über die Stimmung bei den Indianern zu ihm kam, — also Spitzeldienste gegen seine Rassegenossen leistete! — ließ der Agent in der Regel immer fünf gerade sein.

„Na, was gibt's denn, du wandelnde Schnapsflasche?" polterte Seger gutmütig.

Der Arapahoe verzog sein Fuchsgesicht zu einer geheimnisvollen, listigen Miene und flüsterte in komischem Englisch:

„Jimmy hat drei Cheyenne aus dem Dorfe von Stumpfes Messer wegreiten gesehen. Indianer flüchten nach Norden. Schon weit weg."

Miles sprang auf.

„Das ist doch die Höhe! Was erzählst du da, Jimmy, drei Cheyenne sind aus der Reservation geflohen?"

„Yeh, Master."

Mit langen Schritten durchmaß Miles den Raum. Seine Ahnung hatte ihn also doch nicht betrogen. Diese Cheyenne brachten ihm nichts als Ungemach. Wer weiß, was diese Flucht für Folgen haben konnte. Wenn er nicht eingriff, würde ihm der ganze Stamm davon laufen. Aber wie eingreifen? Miles zermarterte sich den Kopf. Im Grunde genommen war er gegen harte Maßnahmen. Seine quäkerische Gesinnung sträubte sich dagegen. Aber wie hatten diese verstockten Roten ihm die ihnen entgegengebrachte Liebe vergolten?

„Man sollte wohl Colonel Mizner verständigen, Master", gestattete sich Seger zu bemerken.

Miles hielt inne. Immer noch stand Jimmy Bear erwartungsvoll und lohnheischend bei der Türe.

„Na, was willst du noch, Rothaut?" fuhr ihn der Agent an.

„Der weiße Vater hat ein gutes Herz und vergißt armen Arapahoe nicht, der ihm so wichtige Mitteilung gebracht", schmeichelte der Indianer und streckte seine schmutzige Hand aus.

„Natürlich, habe es beinahe vergessen. Geh in den Kramladen hinüber, und laß dir etwas Zucker aushändigen."

Der Indianer verschwand.

Wieder nahm Miles seinen Rundgang auf. „Wenn ich den Mizner, diesen Säbelraßler informiere, gibt es eine Schießerei. Und solche Zwischenfälle kämen mir gerade jetzt sehr ungelegen, John."

„Aber die drei Flüchtlinge müssen doch eingeholt werden, Master, und dafür ist schließlich das Militär da", beharrte Seger.

Noch zögerte Miles einen Augenblick. Dann gab er sich einen Ruck.

„Gut, laß anspannen, John, wir fahren ins Fort!"

*

Für Colonel Mizner, Kommandant der Garnison in Fort Reno, Oklahoma, war die Mitteilung des Agenten außerordentlich willkommen. Dieser verflucht langweilige Grenzdienst hing ihm ohnehin schon längst zum Halse hinaus und den Soldaten tat es gut, etwas Bewegung zu erhalten. Er ließ den Captain Wint zu sich bitten.

„Nehmen Sie Platz, Captain Wint. Eben ist der Miles bei mir gewesen. Drei Cheyenne aus dem Dorfe des Häuptlings Stumpfes Messer sollen den Finkenstrich nach Norden genommen haben. Werden wohl im Einverständnis dieses alten, rothäutigen Gauners abgehauen sein. Miles wünscht nun, daß die Häuptlinge von uns aufgefordert werden in die Agentur zu reiten, um sich dort dieses Vorfalls wegen zu erklären. Senden Sie einen Sergeanten mit einem Mann rüber, sollen die Brüder holen. Halt! Geben Sie den beiden noch den Kundschafter, na, wie heißt er schon? — den Jesky, den Steve Jesky mit. Soll die Augen offen halten, der Steve. Vielleicht sieht er mehr als unsere Leute."

„Zu Befehl, Sir."

„Und daß ich es nicht vergesse: Lassen Sie unsere Pferde satteln. Wir reiten in die Agentur. Will beim Verhör dabei sein. Glaube, daß unsere Anwesenheit den rothäutigen Schuften mehr Respekt einflößt, als Miles' Salbadereien."

*

Mizner, Miles, Seger und Wint warteten bereits eine geraume Weile auf der Terrasse der Agentur. Die

Häuptlinge hätten eigentlich schon längst hier sein sollen und Miles befürchtete insgeheim, daß die Soldaten Unruhe gestiftet hätten. Frau Lucy kredenzte selbstgemachten Beerenwein und quittierte die handfesten Komplimente des Colonels mit kokettem Lächeln, was ihr dann und wann einen strafenden Blick des sittenstrengen Herrn Gemahls eintrug.

Endlich wurden in der Ferne einige Reiter sichtbar. Wint setzte den Feldstecher an die Augen.

„Es sind Sergeant Kelly, Soldat Fritz und Steve Jesky, Sir, — aber Rote vermag ich mit dem besten Willen keine zu entdecken."

„Verfl..., na, werden ja hören, was die Männer zu berichten haben", grollte der Oberst.

Die Soldaten und der Kundschafter stiegen von ihren Pferden. Kelly meldete stramm und Jesky, ein ungepflegter Bursche, lehnte nachlässig an das Treppengeländer und schob sich einen Happen Tabak in den Mund. Etwas außer Atem und erfüllt von der Wichtigkeit des ihm anvertrauten Auftrages, begann der Sergeant mit seinem Bericht, wurde aber bald vom Colonel wutschnaubend unterbrochen:

„Was! Höre ich recht? Diese rothäutigen Schufte haben sich geweigert, mit euch zu kommen? Sie seien nicht schuldig an der Flucht dieser drei Halunken? Und ihr habt euch das bieten lassen und den Kerlen nicht in ihr Lügenmaul gefunkt..."

Sergeant Kelly wurde rot im Gesicht. Da fiel die gleichgültige schleppende Stimme des Kundschafters in den Redefluß des Offiziers:

„Schätze, daß uns der Skalp unter der Mütze lieber ist, als am Gürtel eines Injuns, Sir. Glaube, die Kerle sind so ziemlich zu allem entschlossen und ich habe das Gefühl, daß weder die Wut eines Colonels, noch die Liebe eines Agenten ausgereicht hätten, die Häuptlinge mitzubringen. Die Burschen sind kaum noch im Zaume zu halten, Sir, und je eher man sich ihrer mit ‚zarter' Gewalt annimmt, desto besser. So, nun habt ihr meine Meinung gehört, und übrigens habe ich Durst und möchte ein Gläschen ihres roten Saftes wohl vertragen, Ma'am."

Frau Lucy beeilte sich, dem Wunsche des Kundschafters zu willfahren. Miles hingegen war wie vor den Kopf geschlagen und voller Unruhe. Der Colonel und Captain Wint erhoben sich. Während Mizner seinen Uniformrock geradezog, wandte er sich an den verstörten Agenten:

„Ich werde dafür sorgen, daß die Häuptlinge zu Ihnen kommen, verlassen Sie sich darauf, Miles." Und zu Frau Lucy: „Besten Dank für die liebenswürdige Bewirtung, Mylady."

Die Offiziere salutierten, und einen Augenblick später ritten die Blauröcke weg. Voll dunkler Ahnungen warf sich Miles in seinen Schaukelstuhl.

Nun, da das Militär sich in den Lauf der Dinge eingeschaltet hatte, begannen sich die Ereignisse zu überstürzen. Mizner war ein tatkräftiger, energischer Mann und insgeheim schätzte er sich glücklich, daß ihm endlich Gelegenheit geboten ward, seine kriegerischen Qualitäten zu erproben. Noch auf dem Heimritt gab er Captain Wint Befehl, mit den Kompanien A und B und unter Mitnahme einer Howitzer-Kanone, nach dem Cheyennedorf auszurücken.

„Ich will die Häuptlinge tot oder lebendig vor mir sehen, verstanden, Wint! Kein langes Palaver, sondern drauf, wenn die Brüder nicht Ordre parieren wollen."

Der Aufbruch

«Nun feiern sie der Toten Angedenken;
Die Sonn' im Westen wandelt ihre Neige,
Die Gräber noch bestrahlend, und sie senken
Viel Tränen drauf und grüne Tannenzweige.»

Nicolaus Lenau, «DER INDIANERZUG».

Stumpfes Messer und Kleiner Wolf schauten den abziehenden Soldaten nach, bis die schaukelnden Gestalten hinter der letzten Bodenwelle verschwanden. Dann drehte sich der ältere Häuptling um, umfaßte mit einem einzigen Blick das ganze Lager. Er sah die zerlöcherten Tipis, aus denen da und dort dünner Rauch kerzengerade gen Himmel stieg. Er sah die vielen Grabhügel, unter denen seine Brüder, seine Schwestern und vor allem die Kinder, in fremder Erde ruhten. Er sah die erwartungsvoll auf ihn gerichteten Augen der Lebenden, und dann hob er die Arme. Die sonst so brüchige, greisenhafte Stimme erklang nun plötzlich mit Macht:

„Es ist Zeit geworden, meine Brüder und Schwestern! Legt die Tipis nieder. Löscht die Herdfeuer aus. Sattelt die Pferde, und ruft die Hunde zusammen. Es ist Zeit geworden, daß wir uns auf den Pfad begeben, an dessen Ende entweder der Tod oder die Heimat auf uns wartet! Beeilt euch, ihr Cheyenne! Mein Bruder, Häuptling Kleiner Wolf, der Bewahrer des Bündels der Heiligen Pfeile, wird die Krieger führen. Er wird uns den Weg öffnen. Es ist Zeit geworden, daß wir diese Stätte des Unheils verlassen!"

Hurtig eilten die Frauen und Männer, den Befehl des Häuptlings auszuführen. Die Krieger griffen nach ihren Waffen und holten ihre Pferde. Wie Eichhörnchen kletterten die Buben an den Zeltstangen empor und lösten die Decken. Tipi um Tipi sank zusammen. Frauen und Mädchen falteten die Häute, legten ihren Hausrat dazwischen und rollten das Ganze zu Bündeln. Aus der Hand ihrer Väter empfingen die Buben die Tragpferde, und mit Hilfe ihrer Mütter kreuzten sie über den Rücken der Tiere die Zeltstangen und verknoteten sie mit einem Lederband. Die dicken Enden berührten den Boden. Man umwickelte sie mit Lederresten, damit die Spuren nicht so deutlich erkennbar seien. Dann wurden die Bündel aufgepackt und die kleinsten Kinder sorglich dazwischen gebettet.

In kürzester Zeit war das Dorf abgebrochen worden und standen die Cheyenne marschbereit. Rund achtzig Krieger, teils mit alten Gewehren, teils mit den urtümlichen Waffen des indianischen Kampfes bewehrt, saßen auf den mageren Gäulen und harrten auf das Zeichen des Häuptlings. Kleiner Wolf umritt die Wartenden, prüfte die Packungen. Besonders achtete er darauf, daß neben den kleinen Kindern auch die Aeltesten gut versorgt waren. Little Chief hatte ein Pferd bestiegen, doch der Aufrecht-stehende-Bär ruhte auf den Tragstangen, festgebunden wie ein Papus. Ein hilfloses Lächeln spielte um seinen zahnlosen Mund, als er Kleinen Wolf hoch zu Pferde gewahrte. Aber seine schwarzen, tief in den Höhlen liegenden Augen frohlockten. Der Häuptling rief zwei junge Krieger herbei und befahl ihnen, dem Alten das Geleite zu geben.

Zum letzten Mal grüßten die Cheyenne ihre verstorbenen Angehörigen, und manche Frau wischte sich verstohlen eine Träne aus den Augen. Kleiner Wolf ritt an die Seite Stumpfen Messers und sprach: „Die Cheyenne sind bereit, den langen Pfad zu beschreiten."

„Es ist gut", nickte der Alte, „gehen wir!"

Kleiner Wolf hob das Bündel der Heiligen Pfeile hoch, ließ es über seinem Haupte kreisen, und dann setzte sich die Karawane in Marsch. Voraus schwärmte ein Trupp Krieger. Auch am Ende der Kolonne ritten einige Beobachter als Nachhut.

Sie ritten, bis die Nacht hereinbrach und hielten am Cotter Creek, etwa acht Meilen vom Abgangsort entfernt, aber immer noch auf Reservationsboden. An einer erhöhten, reichlich mit Gebüsch bedeckten Stelle am Flußlauf stiegen sie ab und richteten ihr Nachtlager auf.

Etwa einen halben Tag später, nachdem die Cheyenne ihren bisherigen Lagerplatz verlassen hatten, erreichte Captain Wint mit seiner schwer bewaffneten Truppe den Ort. Verblüfft starrten Offiziere und Soldaten auf die erloschenen Herdfeuer und auf die vielen Spuren, die auf den raschen Abzug der Indianer hindeuteten.

„Verdammt", knurrte Wint zornig, „die roten Halunken haben uns überlistet."

Aber dann erinnerte er sich des elenden, hinfälligen Aussehens der Indianer. In Gedanken sah er sie auf ihren klapprigen Gäulen sitzen und schloß daraus, daß es ihm wohl keine große Mühe bereiten würde, die Flüchtlinge einzuholen und zu stellen. Unverzüglich setzten sich die Kompanien wieder in Marsch, und nach einem harten, anstrengenden Ritt erreichten sie schweißtriefend und müde den Cotter Creek. Der Captain verlor keine Zeit und ließ die Truppen zum Angriff bereit machen. Drohend richtete sich das Rohr der Howitzer-Kanone gegen die Zelte der Cheyenne, und die Indianer, die bisher dem Aufmarsch der Blauröcke gleichmütig zugesehen hatten, gewahrten im letzten Dämmerlicht der sinkenden Sonne, wie sich der Feind anschickte, über ihr Dorf herzufallen.

Indessen, es waren nur Vorbereitungen, denn Wint kannte die Indianer immerhin gut genug um zu wissen, daß sich seine Mission auf dem Verhandlungswege vielleicht erfolgreicher beenden lassen würde, als

STUMPFES MESSER
Häuptling der Cheyenne
(Bureau of American Ethnology)

Cheyennekrieger am Sonnentanz
(Smithsonian Institution, Washington)

mit Gewalt und Kampf. So ritt er denn, begleitet vom Standartenträger und dem Kundschafter Steve Jesky, dem Dorf entgegen. Noch außerhalb der Gebüschreihe erwarteten ihn die Häuptlinge. Mit gelassener Ruhe saßen die Cheyenne auf ihren Pferden und ließen die Unterhändler ruhig näher kommen. Wint gab das Zeichen abzusitzen und warf dem Standartenträger die Zügel zu. Auch die Indianer stiegen ab. Nun begab sich der Offizier mit Jesky zu den Häuptlingen. Trotz fortgeschrittener Dunkelheit war es dem luchsäugigen Kundschafter noch gelungen, die Stärke der Cheyenne abzuschätzen. Rasch flüsterte er dem Kommandanten ins Ohr: „Mögen etwa dreihundert Rote, alles in allem, da drüben sein, Sir." — Er hatte richtig geraten. Zweihundertzwanzig Frauen und Kinder und achtzig Männer waren aus der Reservation geflohen. Wint lächelte selbstsicher.

Einen kurzen Augenblick später standen sich Indianer und Weiße von Angesicht zu Angesicht gegenüber. Nachdem sie sich gegenseitig prüfend gemustert, trat Stumpfes Messer vor, ergriff die Rechte des Offiziers und schüttelte sie kräftig. Ueberrascht ließ es Captain Wint geschehen. Einen solchen Beweis anständiger, freundlicher Gesinnung hatte er von diesem „schmutzigen" Injun nicht erwartet, und er schien deswegen etwas aus dem Gleichgewicht gebracht. Auch die andern Häuptlinge näherten sich ihm und begrüßten ihn und den Kundschafter nach der Art des weißen Mannes. Er segnete das Dämmerdunkel, das den Indianern sein peinlich-betretenes Gesicht verbarg...

Auf einen Wink Stumpfen Messers raffte Wild Hog etwas von dem reichlich herumliegenden dürren Holz zusammen und entfachte ein Feuer. Weiße und Rote setzten sich. Stumpfes Messer brannte die Pfeife an und nachdem sie die Runde gemacht, heftete er seinen Blick auf Wint und fragte:

„Meine weißen Brüder seien willkommen. Aber warum haben sie soviel Krieger mitgebracht? Die Cheyenne haben den Kriegspfad nicht betreten, denn ihre Frauen, Kinder und alten Leute sind mit ihnen. Meine weißen Brüder mögen die Frage Stumpfen Messers beantworten."

Steve dolmetschte. Der Kommandant sah die Augen der Häuptlinge erwartungsvoll auf sich gerichtet. Nach kurzem Zögern hüstelte der Offizier und begann weitschweifig und mit vielen Worten Mizners unangenehmen Befehl zu erläutern. Je länger Wint sprach, desto düsterer und verschlossener wurden die Gesichter der Cheyenne. Als er endlich seine Rede beendet, wußte er die Antwort bereits zum voraus.

Stumpfes Messer klopfte seine Pfeife aus, versorgte sie und starrte eine Weile gedankenvoll in das prasselnde Feuer. Captain Wint spürte zum zweiten Mal seine Selbstsicherheit fliehen. Unbehaglich rutschte er hin und her. „Zum Teufel", überlegte er, „hätte doch besser getan, die Roten über den Haufen zu rennen. Wo möglich schwatzen wir jetzt hier stundenlang, und dabei schaut doch nichts heraus." Rachsüchtige Wut, daß er sich herabgelassen hatte, mit dem indianischen Gesindel überhaupt zu reden und ihnen gar noch die Hände zu schütteln, stieg in ihm auf. Nur mit Mühe konnte er sich bezwingen, diesem Theater nicht ein brüskes Ende zu machen.

Bleischwer, drohend lastete das Schweigen über der Gruppe. Immer noch traf Stumpfes Messer keine Anstalten, auf die Rede des Offiziers zu antworten. Da riß dem heißblütigen Wint die Geduld. Zornig, ja voll Haß schleuderte er den Indianern die Worte ins Gesicht:

„Stumpfes Messer scheint die Sprache verloren zu haben! Oder will mich der Häuptling etwa nicht verstanden haben? Wenn Worte nicht genügen sollten, — ich habe noch andere Mittel, um einem Indianer den Mund zu öffnen..."

Bleich vor Schreck packte Steve Jesky den Captain am Arm.

„Schweigt! Haltet Euren Mund, wenn Euch unsere Skalpe noch einen Cent wert sind!" zischte er wütend.

Ueberrascht ob den heftigen Worten und der jähen Gebärde des Kundschafters, blickte Stumpfes Messer auf die Bleichgesichter. Geistesgegenwärtig verzog Jesky sein Gesicht in freundliche Falten und schickte sich an, den Indianern des Kommandanten unbeherrschten Ausbruch umzudeuten. Kaum begonnen, wurde er von Kleinem Wolf mit eisiger Stimme unterbrochen:

„Der weiße Mann mit den zwei Zungen spare seine Mühe. Kleiner Wolf hat die Worte des Offiziers gehört und — verstanden. Ich rate dem Mann mit den zwei Zungen, daß er die Rede des Offiziers meinen Brüdern richtig wiedergebe."

Steve Jesky war sonst ein eher abgebrühter und mit allen Wassern gewaschener Junge, den nicht so rasch ein Ereignis erschüttern konnte. Aber nun hatte ihm die Aufforderung Kleinen Wolfs doch den kalten Angstschweiß auf die Stirne gejagt. Er verfluchte den Captain und dessen voreiliges, unbeherrschtes Mundwerk und verwünschte den Tag, da er in die Dienste der Armee getreten. Solche Ueberlegungen waren wohl unberechtigt, aber sie fruchteten in dieser verteufelt unangenehmen Lage nichts. Steve zog es vor, dem Häuptling zu gehorchen und mit eintöniger, etwas zitternder Stimme dolmetschte er, was sein Vorgesetzter gesprochen. Die Stirnen der Häuptlinge umwölkten sich, ihre Mienen wurden hart wie Granit, und ihre Augen sprühten vor Haß und Verachtung.

Erschöpft ließ sich der Kundschafter zurückfallen. Soll nun der Captain sehen, wie er die so unbedacht eingebrockte Suppe auszulöffeln vermochte.

Aber einmal mehr erwies sich der greise Häuptling seinem Widersacher überlegen, als er antwortete:

„Mein weißer Bruder im blauen Rock vermag seine Zunge nicht im Zaume zu halten. Ein Indianer pflegt seine wahren Gedanken erst zu prüfen, bevor er sie ausspricht. Das Bleichgesicht hingegen, pflegt zu reden und erst nachträglich zu denken."

Wint kaute wütend an seinem Schnurrbart, als ihm Jesky die verweisenden Worte Stumpfen Messers übersetzte. Der Häuptling fuhr fort:

„Mein weißer Bruder möge wissen, daß die Cheyenne keinen Krieg zu führen und kein Blut zu vergießen wünschen. Sie haben mit euch das Kalumet des Friedens geraucht. Die Blauröcke mögen uns in Ruhe lassen und uns nicht für die Flucht dreier Indianer verantwortlich machen. Stumpfes Messer hat gesprochen."

Inzwischen hatte Miles von den Befehlen Colonel Mizners Kenntnis erhalten. Aufgebracht über dieses eigenmächtige und unvernünftige Vorgehen des Kommandanten, sandte er unverzüglich seinen Gehilfen John Seger zu Captain Wint, um diesem jede feindselige Aktion gegen die Indianer zu verbieten. John Seger erreichte die Truppe gerade in jenem Augenblick, als Captain Wint und Steve Jesky von ihrer ergebnislosen Unterredung mit den Häuptlingen zurückkehrten. Der, infolge seiner Demütigung und der

Weigerung der Indianer, dem Befehl Mizners zu gehorchen, maßlos erregte Offizier, wollte unbedingt das Lager angreifen. Vergeblich hatte ihn der Kundschafter auf dem Rückweg auf das Gefährliche und Sinnlose einer derart unüberlegten Handlung aufmerksam gemacht. Der Captain war keinem vernünftigen Rat mehr zugänglich. Sein Herz schrie nach Rache, und seine Seele war schwarz vor Haß gegen die Roten.

Erst den gemeinsamen Bemühungen Segers und Steves gelang es endlich den tobenden Captain von seinem unsinnigen Vorhaben abzubringen und — wie der Kundschafter bestimmt wußte — die Truppe vor einem Unglück zu bewahren. Die Kompanien erhielten Befehl, ein Alarmbiwak zu erstellen und sich zu verpflegen. Indessen besprach sich Seger lange Zeit mit dem Captain und erreichte nach vielem Hin und Her dessen Einverständnis, am nächsten Morgen noch einmal mit den Cheyenne ans Ratsfeuer zu sitzen und außerdem einen Bericht an Oberst Mizner abzusenden.

*

Die Indianer hatten nach dem Aufbruch Wints bestimmt mit einem Angriff gerechnet und sich vorbereitet, ihre Haut so teuer als möglich zu verkaufen. Als dann bei den Soldaten die Biwakfeuer angezündet wurden, atmeten die Cheyenne auf. Frauen und Kinder wurden zur Ruhe geschickt, die Männer unterhielten einen scharfen Wachtdienst. Als es drüben bei den

Blauröcken ruhiger wurde, begab sich Kleiner Wolf auf einen Kundschaftsgang. Behutsam schlich er um das Biwak herum. Er sah Wint, Seger, Jesky und noch eine Anzahl Offiziere eifrig diskutierend um ein Feuer sitzen und schloß daraus, daß während der Nacht ein Angriff nicht zu erwarten war. Nun legten sich auch die Krieger abwechslungsweise schlafen, — nur Kleiner Wolf blieb Stunde um Stunde pfeifenrauchend auf seinem Lugaus sitzen und starrte zu der Truppe hinüber. Als sich im Osten der Himmel rötete, scheuchte er die Geister des Schlafes von seinen Kriegern fort. Wenige Augenblicke später waren die Cheyenne kampfgerüstet.

Seger ließ sich Zeit. Er wollte nach dem ersten mißlungenen Versuch, mit den Indianern in ein Einvernehmen zu kommen, nicht drängen. Auch gelang es ihm, Wint davon abzuhalten, die Kompanien nach dem Frühstück erneut angriffsbereit zu machen. Es schien ihm vorteilhafter zu sein, den Indianern gegenüber den Schein von Unbefangenheit zu wahren. Einzig der Meldereiter nach Fort Reno wurde mit dem Bericht an Colonel Mizner fortgeschickt.

Die Sonne stand schon hoch am Himmel, als sich Seger, Wint und Jesky erneut aufmachten, um die Häuptlinge zu sprechen. Wie am Vorabend, wurden die Weißen an der gleichen Stelle von den Cheyenne erwartet. Sie begrüßten Seger mit großer Herzlichkeit, schüttelten sogar Wint und Jesky, wenn auch etwas kühler und gemessener, die Hände. Wieder machte das Kalumet die Runde, und dann begann Seger die Verhandlungen. Er zerstreute die Befürchtungen der Häuptlinge, sie könnten in der Agentur gefangengenommen werden und so gelang es ihm in erstaunlich kurzer Zeit, Stumpfes Messer zu bewegen, mit Kleinem Wolf, Old Crow, Wild Hog, Wirres Haar und Strong Left Hand nach der Agentur zu reiten, um sich mit dem weißen Vater zu beraten. Nur der grimmige Krähe zeigte offenes, abgrundtiefes Mißtrauen, und er grollte erzürnt: „Bleichgesichter sind wie Schlangen. Sie haben allesamt eine gespaltene Zunge. Aber Old Crow fürchtet sich nicht vor einer kriechenden Schlange. Er wird ihren Kopf zertreten."

*

Wohl tobte Colonel Mizner nach Ankunft des Meldereiters wie ein Berserker, — hingegen schien es ihm doch geraten, sich mit Miles vorläufig nicht zu verfeinden. Er ließ sein Pferd satteln und ritt mit Leutnant Stevenson, dem Adjutanten, wieder in die Agentur, um sich mit Miles zu besprechen. Insgeheim hoffte er, Wint möge aus der verzwickten Lage einen vernünftigen Ausweg gefunden haben.

Mizner, Miles und Stevenson hatten nicht lange zu warten. Kaum, daß sie ihre Lippen an Frau Lucys unübertrefflichem Beerenwein genetzt, erschienen Seger,

Wint und Jesky mit den Häuptlingen. Diesmal verzichtete man beidseits auf lange Umstände. Miles, aufgebracht über die „Wortbrüchigkeit" der Indianer, überfiel die Häuptlinge mit einem Schwall heftiger Vorwürfe, beschuldigte sie der Unruhestiftung und der Meuterei gegen die Anordnungen des Großen weißen Vaters in Washington. Die Cheyenne verstanden wohl die Worte des Agenten, aber nicht deren Sinn. Gleichmütig ließen sie die hageldicht fallenden Beschimpfungen über sich niederprasseln, und auch die zornig blitzenden Augen Mizners und sein gesträubter Schnurrbart ließen sie völlig kalt und unberührt.

Miles, angesichts der „verstockten" Mienen der Roten in immer größere Hitze geratend, verlangte schließlich von ihnen, daß sie ihm zehn Krieger als Geiseln für die drei geflohenen jungen Männer zu stellen hätten.

Jetzt endlich gab Kleiner Wolf ein Zeichen, daß er zu sprechen wünsche:

„Der Zorn leitet die Zunge des weißen Vaters und läßt sie maßlose Wünsche aussprechen. Kann mein Vater den fliehenden Büffel zurückpfeifen, wie man einen Hund zurückpfeift? Kann er den vorüberbrausenden Gewittersturm mit den Händen aufhalten? Nein, weder der weiße Vater noch Kleiner Wolf, noch irgend ein anderer vermag das zu tun! Auch wenn du zehn unschuldige Cheyennekrieger einsperrst oder sogar sterben lassest, kannst du die Flüchtlinge nicht mehr zurückholen. Wisse, die Hundekrieger wollen kein Blutvergießen. Lasse sie unbehelligt ziehen, damit sich ihre Augen noch einmal an den grünen Jagdgründen der Cheyenne erfreuen können."

Aber Miles wollte nicht einlenken. In seiner Erbitterung drohte er nun den Indianern sogar mit der bewaffneten Macht. Er sah nicht das Aufblitzen in Mizners Augen, und er bemerkte nicht den Ausdruck zur Bereitschaft bis zum Letzten in den Gesichtern der Häuptlinge. Seine Stimme überschlug sich, als er versicherte, er werde die Cheyenne durch das Militär wieder zurücktreiben und in Gefangenschaft setzen lassen. Und als er sogar ankündigte, daß sie keine Lebensmittelrationen mehr erhalten sollten, fiel ihm Kleiner Wolf in die Rede:

„Der weiße Vater droht uns mit seinen Blauröcken. Höre nochmals: Die Cheyenne wollen keinen Krieg. Sie lieben den Frieden. Aber, wenn die Soldaten auf uns schießen, dann werden wir uns zu wehren wissen. Ein Hundekrieger versteht zu kämpfen und er wird lieber sterben, als sich freiwillig einsperren lassen."

Nun mischte sich Colonel Mizner ins Gespräch. Er riet dem Agenten, die hier anwesenden „Halunken" zu packen und in Ketten legen zu lassen.

Doch Miles mochte geahnt haben, daß er zu weit gegangen war, und er lehnte Mizners Vorschlag ab.

Nach kurzer Rücksprache mit Seger bedeutete er den Indianern, daß sie wieder zu ihrem Stamm zurückkehren könnten. Aber auch Mizner war nicht gesonnen, sich ein zweites Mal von diesem „Zivilisten" in die Suppe spucken zu lassen. Nach einer langen und überaus heftigen Auseinandersetzung entschied er, daß Wint noch am gleichen Abend seine Truppe wieder aufzusuchen und nach den erteilten Befehlen vorzugehen habe. Ohne Abschied ritten die Offiziere weg, und Frau Lucys delikater Beerenwein blieb diesmal ungetrunken in den Gläsern stehen.

In seiner Verzweiflung und Auswegslosigkeit telegraphierte Miles an William Nicholson, dem Superintendanten für Indianerangelegenheiten in Lawrence, Kansas. Nicholson gab Bescheid, daß kein Indianer die Reservation verlassen dürfe und er, Miles, habe dafür zu sorgen, daß das Militär diesem Befehl Nachachtung verschaffe.

Endlich hatte Colonel Mizner gegenüber den Cheyenne für sein Vorgehen „carte blanche" erhalten. Jetzt konnte die längst ersehnte Scharfschießübung auf die roten Zielscheiben beginnen. —

In der Abenddämmerung erreichte Captain Wint seine Truppe wieder. Nach kurzer Besprechung mit den Offizieren wurde entschieden, am andern Morgen den Angriff auszulösen.

Befehl zur Treibjagd

«Alles was wir tun können, ist, unser Haupt in Scham zu verhüllen über jene zu unserem Nutzen verübten Gewalttaten...»

George Bancroft, «HISTORY OF THE UNITED STATES».

„Zwei Berichte aus der Indianerreservation Darlington in Oklahoma, Sir."

Der junge Leutnant stand stramm und überreichte dem ergrauten General William Tecumseh Sherman, Oberbefehlshaber aller Truppen der Vereinigten Staaten von Nordamerika, zwei Schriftstücke. Unmutig blickte der Angesprochene auf und nahm die Papiere entgegen.

„Schon wieder dieses Darlington! Besitze bereits einen Bericht von William Nicholson. Machen viel zu viel Aufhebens von dieser Geschichte, die Leute dort unten. Na, wer schreibt denn da? John Miles. — Wird wohl der Agent sein?"

„Yes, Sir", erwiderte der Leutnant pflichteifrig, „und das zweite Aktenstück stammt von Colonel Mizner, Kommandant von Fort Reno."

„Ah, Mizner, das alte Rauhbein! Natürlich, der steckt ja dort unten. Nun wird er wohl eine Gelegenheit suchen, um sich auszuzeichnen und eine Sprosse höher zu steigen, hahaha! Meinetwegen, soll er die Roten tüchtig dreschen. Man ist überhaupt viel zu nachsichtig mit diesen Zigeunern, Leutnant, viel zu nachsichtig. Ausrotten, was ausgerottet werden kann und mit dem Rest nach Dry Tortugas. [1] Na, werde mir die Sache mal ansehen. Ist gut, Leutnant."

Der Offizier salutierte und entfernte sich.

General Sherman liebte die Indianer nicht. Warum er den Namen Tecumsehs, des hochbegabten, leidenschaftlichen Schawanohäuptlings trug, ist unerfindlich. So war er auch diesmal, nachdem er die Akten durchgelesen, entschlossen, mit starker Hand durchzugreifen. Bevor er die Schriftstücke an den damaligen Innenminister Carl Schurz weiterleitete, versah er sie noch mit den ihm notwendig erscheinenden Randbemerkungen. Außerdem ließ Sherman sofort an General Philip Henry Sheridan, Befehlshaber aller an der Indianergrenze stehenden Truppen, telegraphieren und ihm Auftrag erteilen, unverzüglich gegen die Cheyenne vorzugehen.

Nach einigen Tagen begab sich General Sherman wegen dieser Angelegenheit zu Carl Schurz. Der viel beschäftigte Minister hatte indessen noch keine Zeit gefunden, sich damit zu befassen. Er ließ sich die Akten vorlegen und nachdem er sie flüchtig durchgelesen, sprach er zum General:

---

[1]) Straflager für gefangene Indianer in Florida.

„Scheint einer der üblichen und an und für sich bedauerlichen Zwischenfälle gewesen zu sein, mein lieber Sherman."

Carl Schurz, ein ehemaliger deutscher Emigrant, teilte die schlechte Meinung des Oberbefehlshabers über die Indianer nicht, — im Gegenteil. Leider war er nie an der Indianergrenze gewesen, noch hatte er je einmal eine Reservation besucht, um sich von den herrschenden Verhältnissen ein eigenes Bild zu schaffen. Die Rothäute lebten weit von Washington entfernt, und dringende Staatsgeschäfte hatten Carl Schurz immer davon abgehalten, eine längere Reise zu unternehmen.

Die Feststellung des Innenministers entlockte dem General ein saures Lächeln.

„Tja, das kann man wohl so nennen, Sir. Habe übrigens den General Sheridan angewiesen, die Geschichte zu bereinigen."

„Ah, vortrefflich! Nur keine Ausweitung, kein unnötiger Lärm deswegen. Und, was ich noch sagen wollte, General, gehen Sie mit diesen offensichtlich irregeleiteten Rothäuten nicht allzu scharf ins Gericht, ja! Schließlich ..."

„... ‚sind sie ja die rechtmäßigen Eigentümer des Landes', wollten Sie doch sagen, Sir", unterbrach ihn Sherman, „ich weiß, ich weiß. Aber Ordnung muß nun mal sein, und auch diese Wilden haben sich an unsere

Disziplin zu gewöhnen. Man hätte früher mit dieser Landplage aufräumen müssen, es wäre uns viel erspart geblieben", polterte der Offizier.

Carl Schurz schüttelte unmutig den Kopf.

„Sie gehen zu weit, General. Auch die Indianer sind Menschen wie wir. Leider kann man das Vergangene nicht wieder gut machen. Seitens der Weißen ist ihnen viel Unrecht geschehen. Glauben Sie mir, mein lieber Sherman, daß ich wohl imstande bin, ihre Gefühle und ihre Bitterkeit zu ermessen. Ich habe am eigenen Leibe erfahren, was es heißt, aus der angestammten Heimat vertrieben zu werden. Immerhin, ich überlasse den Fall Ihnen, General, aber ich wünsche ausdrücklich, daß diese — hm — Cheyenne menschlich und anständig behandelt werden."

*

Besser als General Sherman und der Innenminister, erkannte General Sheridan das Ausmaß und die Größe der Gefahr, die der Zwischenfall von Darlington in sich barg. Das war keineswegs eine Angelegenheit von zwei bis drei Tagen, wie man in Washington anscheinend vermutete. Hier halfen nur rasche und umfassende Gegenmaßnahmen, um diesen schwelenden Brand zu ersticken. Sheridan wußte aus Erfahrung, daß schon weit geringfügigere Vorfälle Ursachen blutiger und langwieriger Indianerkämpfe gewesen waren, die mehr als einmal die mühsam errichtete Ordnung an der

Grenze wieder hatten zusammenbrechen lassen.

Ununterbrochen spielte der Telegraph von seinem Hauptquartier aus. Die gesamte, an der Grenze stehende Truppenmacht, insgesamt dreizehntausend Mann, wurden alarmiert. General George Crook, der alte, erfahrene Indianerkämpfer, sicherte mit seinen Regimentern die stets gefährdete Union-Pacific-Eisenbahnlinie; General Bradley stand in Nebraska, wohin der Marsch der Cheyenne zielte; General Pope sperrte den Santa Fé-Trail und schließlich wurde General Gibbon, der am Yellowstone-River lagerte, südwärts geschickt, um allfällig durchgebrochene Indianerbanden aufzufangen. Alle diese Truppen waren mehrheitlich beritten und mit Gewehren und Artillerie wohl bewaffnet. Den dreihundert Cheyenne, die beschlossen hatten, ihre Heimat wieder zu finden, stand die größte Truppenmacht gegenüber, die die Vereinigten Staaten je gegen Indianer aufgeboten. Aus dem Kriegsministerium in Washington war der Befehl zur erbarmungslosen Treibjagd an alle Forts und Posten, von Oklahoma bis hinauf an die kanadische Grenze ergangen. Keiner der Wissenden zweifelte daran, daß der Ausbruch des Häuptlings Stumpfes Messer nicht mehr als ein hoffnungsloses Abenteuer war.

Dreihundert gegen Dreizehntausend — die Länge der Lanzenschäfte war ungleich gemessen!

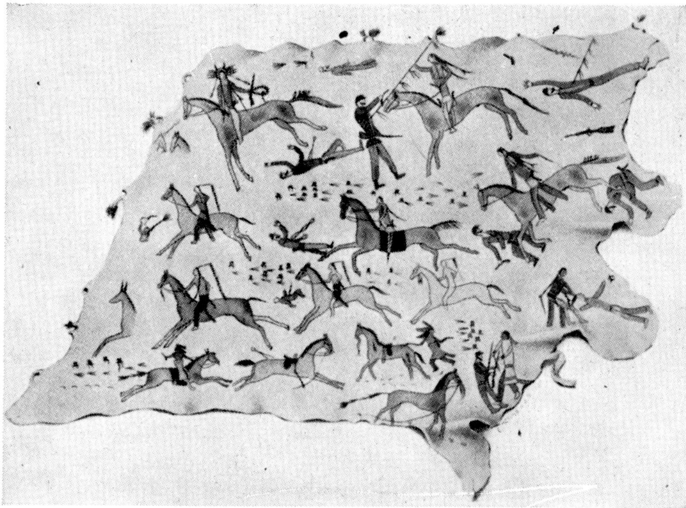

Indianischer Kampfbericht, auf Büffelhaut gemalt

General George Crook
(Nach zeitgenössischer Photographie)

Überlistet

«Die Augen der Weißen sind mit Blindheit geschlagen...»

Die Truppen Captain Wints lagen in tiefem Schlafe. Nur die patrouillierenden Schildwachen spähten hin und wieder zum Cotter Creek hinüber, wo die Lagerfeuer der Cheyenne brannten. Schwarz hoben sich die spitzen Zelte vom Widerschein der Flammen ab. Kein Lärm, kein Geräusch drang zu den Soldaten hinüber.

Captain Wint war zu aufgeregt, um Ruhe zu finden. Pfeifenrauchend umkreiste er das Biwak. Immer wieder setzte er den Feldstecher an die Augen und beobachtete sorgfältig das feindliche Lager. Aber so sehr er sich auch anstrengen mochte, es gelang ihm nicht, auch nur die geringste Bewegung wahrzunehmen.

„Teufel, nimmt mich bloß wunder, wer dort die Feuer unterhält und schürt, wenn doch alle zu schlafen scheinen", murmelte er in seinen Bart.

Er hegte größtes Mißtrauen gegen alles, was rote Hautfarbe trug. Außerdem machte sich Wint Gedanken über das bevorstehende Treffen. Ungeduldig erwartete er den Tagesanbruch. Er brannte darauf, die ihm von den Indianern zugefügte Demütigung zu rächen.

Alsgemach spürte er doch die Anstrengungen der letzten Stunden. Unweit des Biwaks setzte er sich auf einen Felsblock. Wieder starrte er zu den Indianern hinüber. Kopfschüttelnd versorgte er den Feldstecher. Diese Ruhe kam ihm je länger je mehr verdächtig vor. „Werde vor dem Angriff doch noch den Jesky rüberschicken. Die Sache gefällt mir nicht." Wint zog die Uhr: bald Mitternacht! Er öffnete den Kragen des Waffenrockes und lehnte sich etwas zurück. Ueber ihm funkelten die Sterne, aber er achtete sich der Schönheit des nächtlichen Himmels nicht. Ein leiser Wind strich behutsam über sein Gesicht. Die Augen fielen ihm zu, und er versank in einen unruhigen Schlummer.

*

Geräuschlos kehrten die beiden Cheyennekundschafter zurück und gesellten sich zu den Häuptlingen und Kriegern, die im Tipi Stumpfen Messers versammelt waren.

„Haben die Augen meiner Brüder gut gesehen?" frug der alte Häuptling mit gedämpfter Stimme.

„Die Bleichgesichter schlafen und auch die Schildwachen, die sie aufgestellt haben, sind müde und wenig aufmerksam."

„Und ihr Häuptling, den sie Wint nennen, — ist er zurückgekehrt?"

„Er liegt abseits des Lagers und schläft."

Stumpfes Messer nickte befriedigt.

„Es ist gut, meine Brüder. Nun mag uns Kleiner Wolf sagen, was die Hundekrieger zu tun haben."

„Ho, die Augen der Weißen sind mit Blindheit geschlagen. Ihre Zaubergläser sind nutzlos. Vernehmt nun, was sich Kleiner Wolf gedacht hat. Wir lassen die drei Tipis hinter den vordersten Lagerfeuern stehen. Die andern brechen wir sofort ab. Aber Vorsicht, meine Brüder, kein Geräusch. Ehe die Lagerfeuer erloschen sind, müssen die Cheyenne unterwegs sein."

Wirres Haar erhob die Hand.

„Warum will Kleiner Wolf sich fortstehlen wie ein räuberischer Koyote? Der Große Geist hat die Blauröcke in die Hand der Hundekrieger gegeben. Sollten wir nicht wie der Blitz, der aus schwarzem Himmel niederfährt, über die bleichgesichtigen Hunde herfallen und sie vernichten? Wir können Skalpe erbeuten und Coups zählen!"

Aber Stumpfes Messer schüttelte den Kopf.

„Nicht die Cheyenne wollen das erste Blut vergießen. Wenn die Waffen sprechen sollen, muß der erste Schuß aus den Reihen der Blauröcke fallen. Wir sind nur achtmal so viel Krieger als die Finger meiner beiden Hände zählen, und wir werden jeden einzelnen noch bitter notwendig haben. Gewiß, es wäre leicht für uns, die Soldaten zu überfallen und zu töten. Wirres

Haar hat vergessen, daß wir unsere Jagdgründe zu finden hoffen. Je weniger wir mit den Blauröcken zusammentreffen, desto eher werden wir unser Ziel erreichen. Und jetzt, meine Brüder, tut, wie uns Kleiner Wolf geraten."

Die Cheyenne hatten ihre Lagerfeuer so angelegt, daß ihr Schein jede Bewegung abschirmte. Keiner der Schildwachen sah, wie mit Ausnahme der ersten Reihe, ein Zelt nach dem andern lautlos in sich zusammensank und keiner beobachtete, wie die Büffelhäute und alles Gerät von den Frauen mit flinken Händen und geübten Griffen zusammengepackt und reisefertig gemacht wurden. Krieger umwickelten die Hufe ihrer Pferde mit Decken, und die Kinder verhielten sich mäuschenstill, wie es ihnen die Eltern eingeschärft.

Kurz nach Mitternacht war der Stamm marschbereit. Hoch loderten die Feuer vor den stehen gelassenen Zelten. Auf ein Zeichen Kleinen Wolfs stiegen die Krieger auf die Pferde, und still zog der gespenstische Zug in die dunkle Nacht hinaus, einem ungewissen Schicksal entgegen.

*

So mußten die Cheyenne von nun an nordwärts ziehen. Bei Tage und in der Nacht, wie es die Lage gebot. Trotz ihren dürren Gäulen, trotz den vom Hunger geschwächten Leibern, gelang es ihnen, täglich fast sechzig bis siebzig Meilen zurückzulegen. Wenn sie nicht marschierten, mußten sie kämpfen. Diese dahintrottenden Jammergestalten durchquerten ein Gebiet, das von schwerbewaffneten Soldaten wimmelte; das mit Städten, Dörfern und Weilern besiedelt war; über das sich ein dichtes Netz von Telegraphen- und Eisenbahnlinien gelegt hatte und in dem Bewaffnete jede Straße und jede Brücke bewachten und sperrten. Nie zuvor und nie nachher haben so wenige und so arme Menschen, so vielen und so gut ausgerüsteten Soldaten getrotzt, wie dieses verlorene Häuflein heimwehkranker Indianer.

*

Fröstelnd erwachte Captain Wint aus unruhigem Schlafe. Nebelschwaden webten vom nahen Cotter Creek her. Der Himmel hatte sich überzogen, und im Osten dämmerte bleich der nahende Tag. Still lagen die Soldaten unter ihren Decken. Von den Pferden her ertönte der Schildwachruf. Vogelgezwitscher klang schüchtern auf. Ein Fuchs schnürte unweit des Biwaks vorbei und verzog sich bellend gegen das Ufergebüsch. Wint erhob sich, erschauerte plötzlich ob der morgenfeuchten Kälte und schritt dem nächsten Wachtfeuer entgegen, um sich etwas zu wärmen.

„Was Neues?" sprach er den Unteroffizier, der für die Ablösung der Schildwachen verantwortlich war, an.

„No, Sir!"

Wint warf sich eine Decke über die Schultern, nahm den Feldstecher aus der Lederhülle und spähte prüfend nach dem Indianerlager hinüber. Die Lagerfeuer brannten nicht mehr so hoch, und die Umrisse der Zelte verschmolzen alsgemach mit der grauen Morgendämmerung. Er setzte das Glas wieder ab und wandte sich von neuem an den Unteroffizier.

„Laßt mir den Kundschafter holen, Sergeant..."

„Nicht nötig, Captain, Steve Jesky hat bereits seinen Morgenspaziergang gemacht", näselte es plötzlich hinter Wint. Ueberrascht kehrte sich der Offizier um.

„Ah, gut. Wollte Euch eben wecken lassen. Könnte nichts schaden, wenn Ihr einen kleinen Pirschgang nach dem Cotter Creek unternehmen würdet, Steve. Bin neugierig, ob die Injun ausgeschlafen haben."

„Haha", grinste der Kundschafter, „haben bestimmt ausgeschlafen dort drüben, Captain. Schätze sogar, die Kerle haben überhaupt nie ein Auge zugetan, hahaha."

„Was soll das heißen!" fuhr Wint auf, „gebt Antwort, Mann. Sprecht nicht in Rätseln."

„Genau so, wie ich es sage. Komme eben vom Cotter Creek. Kein Fleckchen rote Haut mehr drüben..."

„Aber die Feuer brennen doch noch, und die Zelte..."

„Nichts als Tarnung, Captain. Müssen uns damit abfinden, die Dog soldiers haben uns überlistet. Sind mit Kind und Kegel schon über alle Berge."

Captain Wint war bleich geworden. Er warf die Decke ab, zog seinen Colt und entsicherte die Waffe.

„Kommt!"

Eilig schritt er mit Jesky dem Cheyennedorf entgegen. Lustig prasselten die Feuer. Sie näherten sich dem vordersten Zelte. Steve hob die Klappe.

„Schaut hinein, Captain, — leer!"

Nun erkannte auch Wint, wie meisterlich die Indianer ihren Abgang getarnt hatten. Der aufsteigende Zorn ließ ihn erzittern. Ein Schwall von Flüchen ergoß sich über den unschuldigen Kundschafter.

*

Colonel Mizner bekam einen schrecklichen Wutanfall, als er die eilig hingeworfene Nachricht Wints entzifferte. Himmel und Hölle beschwor er auf den Captain herunter. Dann brüllte er nach Pferd und Adjutant und raste nach der Agentur. Da der Captain für ihn nicht greifbar war, richtete sich sein Zorn gegen den Agenten Miles, der schließlich mit seiner zimperlichen Rücksichtnahme an dieser Blamage schuldig war.

Diesmal vergaß Mizner vor Frau Lucy jedes kavaliermäßige Benehmen und kanzelte in deren Gegenwart ihren Mann nach Strich und Faden ab. Als er sich die größte Wut aus dem Leibe geschrien hatte, diktierte er dem Adjutanten einen Befehl, wonach der Agent John D. Miles sich von nun an mit allen Maßnahmen Mizners einverstanden erkläre und ihnen keinen Widerstand mehr entgegensetze. Der völlig überrumpelte und erschrockene Agent unterzeichnete wortlos.

Dann ritt Mizner in gestrecktem Galopp nach dem Cotter Creek. Dort prasselte ein weiteres Donnerwetter los. Wint wagte nichts zu entgegnen, — was hätte er auch sagen können! Colonel Mizner befahl sofortige Verfolgung der flüchtigen Bande und ordnete an, den Truppen unverzüglich Wagen nachzuschicken, um die gefangenen Cheyenne zurückzuführen.

Das erste Gefecht

«Nun wenden sich zur Wandrung die Vertriebnen.»
Nicolaus Lenau, «DER INDIANERZUG».

Stumpfes Messer und Kleiner Wolf schonten sich und die Ihrigen nicht. Unermüdlich hetzten sie vorwärts, stets gerade nördliche Richtung haltend. Wieder einmal verbarg sich die Sonne hinter gewitterschweren Wolken, und eine bleierne Schwüle lähmte Menschen und Tiere. Seit die Cheyenne ihr Dorf verlassen, hatten Frauen und Krieger kaum etwas Speise zu sich genommen. Die wenigen Lebensmittel blieben den Kindern und den alten Leuten vorbehalten, aber die kargen Vorräte gingen alsgemach zur Neige. Doch niemand klagte, sie alle, ob Groß, ob Klein, bissen auf die Zähne und ertrugen standhaft und geduldig die Anstrengungen. Ein jeder Schritt brachte sie ihrer Heimat näher, ein jeder Sonnenuntergang sah sie ein großes Stück weiter von Darlington entfernt. Und dieses Hoffen, dieses Wissen, hielt die Indianer aufrecht und ließ sie nicht verzweifeln.

Im Laufe dieses Tages überschritten sie die Grenze und betraten das Gebiet von Kansas. Sie überquerten einen halb ausgetrockneten Fluß und schlugen am jenseitigen Ufer ihre Zelte auf. Erschöpft sanken Frauen und Kinder zu Boden, und auch die Krieger konnten sich kaum mehr aufrecht halten. Doch es blieb den Ermatteten nur kurze Zeit auszuruhen. Häuptling Kleiner Wolf ahnte die blauröckige Wolfsmeute auf der Spur des roten Wildes.

„Meine Brüder, verscheucht die Müdigkeit aus euren Gliedern. Bald werden die Bleichgesichter auftauchen und Kleiner Wolf weiß, daß von nun an die Gewehre an Stelle der Zungen sprechen werden."

Ohne Widerspruch wurde dem Rufe des Häuptlings Folge geleistet. Mit ihren Messern und mit den Tomahawks brachen die Cheyenne den ausgetrockneten Boden auf, um notdürftige Brustwehren zu erstellen. Erst, nachdem dieses Werk getan, eilten Kinder und Frauen in das Flußbett hinaus und schleppten Wasser ins Lager. Jetzt endlich konnte man den brennenden Durst löschen und auch den bohrenden Hunger etwas betäuben. Die Krieger hingegen durften sich noch keineswegs von den Strapazen des stundenlangen Rittes erholen. Wachen mußten aufgestellt werden, und Späher wurden ausgeschickt, um das Nahen des Feindes zu melden.

Sehnsüchtig blickten die Indianer zum verhängten Himmel hinauf. Wie willkommen wäre ihnen jetzt ein Regen gewesen. Er hätte ihre erschöpften Lebensgeister wohltätig erfrischt und ihre lähmende Müdigkeit verjagt. So sehr die rissigen Lippen der Greise den Großen Geist auch baten, er möge den Donnervogel seine Schwingen ausbreiten und über das Lager fliegen lassen, und er möge Menschen und Tiere mit seinem köstlichen Naß erquicken, — ihre Gebete stießen auf taube Ohren. Bis am späten Nachmittag hatte sich das Gewölk wieder verzogen. Als riesengroße, blutrote Scheibe beendete die Sonne ihre Bahn, und ihre letzten, durch das Geäst der Bäume brechenden Strahlen zauberten eine Fülle goldener Tupfen auf die grauen, abgescheuerten Zelthäute. Dämmerung legte sich über das Land.

Aufrecht-stehender-Bär lag, in eine zerschlissene Decke gehüllt, neben dem niedrig brennenden Feuer. Stoßweise hob und senkte sich die eingefallene Brust. Trockener Husten erschütterte den mageren Körper des Häuptlings. Stumpfes Messer und Little Chief kauerten zu beiden Seiten des Kranken und betrachteten ihn stumm, aber mit forschenden Blicken. Eine junge Squaw, offensichtlich die Enkelin Aufrecht-stehenden-Bärs, war bemüht, dem von Fieberschauern geschüttelten Greis etwas Wasser einzuflößen. Die kühle Labe schien dem Sachem Linderung zu schaffen. Er öffnete seine Augen und gab ein Zeichen. Stumpfes Messer und Little Chief beugten sich über ihn.

„Aufrecht-stehender-Bär steht an der Schwelle der Ewigen Jagdgründe", flüsterte der Kranke, „er hört die Stimmen seiner vorangegangenen Brüder. Sie rufen einem Häuptling." Mit bebenden Lippen trank er aus der Schale, die ihm von der Squaw sorglich an den Mund gehalten wurde.

„Meine junge Schwester habe Dank für ihre Fürsorge. Mögen ihre Arme den Rücken Aufrecht-stehenden-Bärs stützen, er möchte Abschied nehmen von seinem Volke."

Gemeinsam mit der Frau hoben die Häuptlinge den Sterbenden in sitzende Stellung. Ein neuer, schwerer Hustenanfall drohte ihm die Brust zu sprengen. Als sie ihn deswegen wieder niederlegen wollten, sträubte sich Aufrecht-stehender-Bär. Er wandte sich an die Frau.

„Die Adlerfedern! Meine Schwester hole die Adlerfedern."

Hurtig eilte die Squaw in eines der Tipi und kehrte alsbald wieder zurück. In ihrer Rechten trug sie einen Kopfschmuck aus Adlerfedern, — höchste Würde eines tapferen Kriegers. Sorgfältig befestigte sie die Zeichen des Mutes im Haupthaar des Greises.

Die schon fast erloschenen Augen begannen zu leuchten, als der Häuptling den Federkranz spürte. Er wandte sein Gesicht nach der sinkenden Sonne und begann mit fester Stimme zu sprechen.

„Aufrecht-stehender-Bär geht ein zu seinen Vätern und Brüdern in den Ewigen Jagdgründen. Wenn das Licht des Tages seinen Lauf beendet hat, wird auch die Seele eines Häuptlings auf der Wanderung sein.

Es ist dem Aufrecht-stehenden-Bär vorausbestimmt, daß seine Augen die Heimat seines Volkes nicht mehr sehen werden. Ein großer Häuptling will nun sein Sterbelied singen."

Wieder eilte die junge Frau und kehrte mit einer kleinen Trommel zurück. Stumpfes Messer ergriff das Instrument und während die Squaw seinen Platz einnahm, setzte er sich zur Rechten des Sterbenden. Leise trommelte er auf das Fell, daß es tönte wie fernes Donnergrollen. Aufrecht-stehender-Bär schöpfte tief Atem, und dann begann er mit erstaunlich klarer Stimme zu singen. Er sang von seinen Heldentaten auf dem Kriegspfad, von der unermeßlichen Beute seiner vielen Jagdzüge und von seinen Erfolgen am Ratsfeuer. Die ganze glanzvolle, ruhmreiche Geschichte des Cheyennevolkes erstand wieder in seinem Sterbelied. Die Adlerfedern knisterten im Abendwind, und die Trommel dröhnte unter Stumpfen Messers Fingern. Das Knistern wandelte sich in das Klirren der Waffen, und aus dem Trommeln wuchs der stampfende Donner galoppierender Pferdehufe.

Als die sinkende Sonne den ganzen westlichen Himmel in ein glühendes, rotes Farbenmeer tauchte, verstummte der Häuptling. Ein letzter Schauer durchrieselte den entkräfteten Körper. Das Trommeln erstarb. Stumpfes Messer erhob sich und während Little Chief und die Squaw den dahingegangenen Sachem behutsam zurückgleiten ließen, drückte ihm der Oberhäuptling mit sachter Gebärde die erloschenen Augen zu. Sie trugen Aufrecht-stehenden-Bär in sein Tipi, umhüllten den Körper mit dem bemalten Büffelfell, das einst seine Schultern zierte, schnürten ihn mit Lederriemen und legten ihn dann unter die überhängende Böschung des Flußufers. Sie hatten keine Zeit zur Totenklage, denn von der anderen Seite des Lagers vernahmen sie den Warnungsruf des Kleinen Wolfes: „Ho, ho, ihr Krieger der Cheyenne, — die Blauröcke kommen geritten!"

*

Die Spur der Indianer war nicht schwer zu verfolgen. Sie hatten bei ihrem nächtlichen Aufbruch keine Möglichkeit gehabt, die Eindrücke der Pferdehufe und der am Boden schleifenden Zeltstangen zu verwischen. Wichtiger als das, war ihr Streben, eine möglichst große Strecke Weges zwischen sich und die Truppen zu legen.

Wie die Cheyenne, hatten auch die Soldaten unter der schwülen, drückenden Hitze zu leiden. Wint kannte weder Rast noch Ruhe, ehe er die Flüchtigen nicht entdeckt. Als er mit seinen Kompanien die Staatsgrenze überschritt, schickte er den Soldaten Sam Mather nach Fort Dodge, um vom dortigen Kommandanten zwei weitere Einheiten als Verstärkung zu erbitten. Der Tag rüstete sich schon zur Neige, als die Verfolger in jener Richtung, wo sie nach der Karte den Medicine-Lodge-River anzutreffen hofften, eine dünne Rauchsäule gen Himmel steigen sahen. Captain Wint ließ anhalten und nach Steve Jesky und dem Sergeanten Kelly rufen.

„Reitet nach vorne und seht nach, was es mit diesem Rauch für eine Bewandtnis hat."

Schon nach kurzer Zeit kamen die beiden wieder zurückgeritten.

„Die Dog soldiers haben am jenseitigen Flußufer ihr Lager aufgeschlagen, Sir", meldete Kelly.

„Irgend einen Späher entdeckt oder sonst was Wichtiges wahrgenommen?"

„No, Sir."

Captain Wint studierte die Karte und besprach sich mit dem Kundschafter. Dann ließ er wieder aufsitzen und bewegte sich, immer noch in Deckung vor den Cheyenne, flußaufwärts, um eine möglichst günstige Ausgangsstellung für den Angriff zu erreichen. Diesmal wollte er keine Zeit verlieren, — Dunkelheit hin oder her! Wohl waren die Soldaten von der Hitze und vom scharfen Verfolgungsritt ermüdet, doch der Kommandant setzte die gleichen hindernden Umstände auch beim Feinde voraus, und außerdem erwartete er ja die Verstärkung aus Fort Dodge. Wenn diese Truppen rechtzeitig eintreffen würden, hätte er die Indianer in der Zange.

Der Hügelzug senkte sich, und bald hatten die Soldaten freie Sicht auf das Indianerlager. Wint beobachtete durch den Feldstecher und sah vor den Zelten einen Trupp Berittener. Er versorgte das Glas und begann mit laut hallender Stimme seine Angriffsbefehle zu erteilen.

Plötzlich unterbrach ihn Jesky:

„Schaut hinüber, Captain!"

Aus der Schar der berittenen Indianer hatte sich ein Reiter gelöst, galoppierte die Uferböschung herab, durchquerte das Flußbett und näherte sich Wint bis auf zwanzig Schritte. Es war Kleiner Wolf.

„Na, Rothaut, diesmal gibt's kein Palaver", knurrte Wint in seinen Bart.

Der Häuptling zügelte sein Pferd, grüßte mit der Rechten und rief dem Captain zu:

„Was verfolgst du uns, Bleichgesicht? Wir haben dir und deinen Soldaten kein Leid zugefügt. Laß uns in Frieden ziehen."

„Genug der Worte", schrie Wint zurück, „jetzt werden die Waffen sprechen, — es sei denn, du gibst dich mit dem ganzen Stamm gefangen!"

Hochauf bäumte sich des Indianers Pferd, aber Kleiner Wolf hielt den Zaum mit nerviger Faust.

„Nie und nimmer werden wir mit dir in euer verfluchtes Land zurückkehren."

Erzürnt ob der Starrköpfigkeit des Roten zog Wint

General G. A. Custer überfällt das Dorf des Cheyenne-Häuptlings
Schwarzkessel am Washita, 1868
(Nach einer Zeichnung von J. E. Taylor, 1882)

Häuptlinge der Cheyenne
(Heye Foundation, New York)

seinen Colt. Heiser vor Wut und Anstrengung brüllte der Offizier:

„Wäge deine Worte, Rothaut, oder der Tod wird über dein Lager und deine Leute kommen!"

Doch furchtlos erwiderte der Cheyenne:

„Nur immer zu, greift an! Wir fürchten weder den Tod, noch die Blauröcke. Ein Hundekrieger versteht zu kämpfen. Lieber sterben, als eure Sklaven werden!"

Er riß sein Pferd herum und sprengte zum Fluß hinunter. In ohnmächtigem Zorne schlug Wint seine Waffe auf den Häuptling an und drückte ab. Der Schuß ging fehl.

Gellend stieß Kleiner Wolf den so lange verstummten Kriegsruf der Cheyenne aus, und gellend antworteten ihm seine Brüder.

Als hätten die roten Krieger nur auf dieses Signal gewartet, jagten sie in vollem Galopp ihrem Häuptling entgegen. Donnernd prasselten die Pferdehufe über das Geröll des Flußbettes, sprengten am jenseitigen Ufer hinauf und stürmten wie eine Windsbraut auf die verblüfften Kavalleristen los.

Nach indianischer Sitte teilten sich die Cheyenne angesichts des Feindes, umritten ihn, vereinigten sich wieder und rasten von neuem flußabwärts, ihrem Lager entgegen.

Das alles geschah so schnell und war so unwirklich, daß sich die Soldaten erst jetzt auf eine Gegenwehr besannen. Aber ihr Feuer war unregelmäßig, nicht kommandiert und schlecht gezielt. Ein einziger Indianer flog aus dem Sattel und blieb auf den angeschwemmten Steinen leblos liegen. Sein gutdressiertes Pferd kehrte zurück und blieb neben dem Gefallenen stehen. Steve Jesky hob seine Flinte, drückte ab, und im Rauche des Schusses sah er das treue Tier über seinem toten Herrn zusammenbrechen.

Außer zwei von Lanzenstichen Verwundeten, hatten die Kavalleristen keine Verluste. Wint hingegen gebärdete sich wie ein Tobsüchtiger und überhäufte Offiziere und Leute mit Vorwürfen.

Wieder war es der Kundschafter, der im richtigen Augenblick das rechte Wort fand.

„Hat keinen Sinn sich zu ärgern, Captain", näselte er, „die Cheyenne haben nur Eure Kriegserklärung beantwortet. Hättet Ihr nicht geschossen, wäre dieser Scheinangriff unterblieben. Schätze übrigens, daß es jetzt doch zu dunkel geworden ist, um einen Angriff zu riskieren. Versucht es morgen bei Tagesanbruch, werdet mehr Erfolg haben."

Zur Ueberraschung aller erhob Wint dagegen keine Einwendungen. Die Soldaten verpflegten sich aus ihren Satteltaschen und sanken dann in bleiernen Schlaf.

*

Bevor sich im Osten der neue Tag anzeigte, lagen die Cheyenne schußbereit hinter ihren Brustwehren. Kleiner Wolf eilte von Krieger zu Krieger und schärfte jedem ein, erst zu schießen, wenn von seinen Lippen der Schrei des Adlers ertönen werde.

„Seid tapfer, meine Brüder, und zielt gut. Wie Büffel werden die Blauröcke in unser Feuer laufen. Seid mutig!"

Und Wirres Haar flüsterte, während seine Luchsaugen das Dämmerdunkel durchbohrten: „Rache für unseren Bruder, der da vorne auf den Steinen liegt. Rache für die Toten, die in Dar-ling-to-on begraben sind."

Heller und heller wurde es im Osten, und jetzt hörten die Cheyenne, wie es sich drüben bei den Soldaten regte.

„Sie machen sich bereit", murmelte Stumpfes Messer, „bald wird das Bett des Flusses von blauröckigen Leichen bedeckt sein."

Ihre Pferde hatten die Cheyenne hinter den Zelten zusammengetrieben und sie der Obhut ihrer Frauen überlassen. Hier sah Raschelnde Blätter, die Tochter Stumpfen Messers zum Rechten. Sie tröstete und besänftigte die kleinen Kinder, sprach den Frauen Mut zu, und ermunterte die halbwüchsigen Buben, das Vertrauen, das ihnen die Väter entgegenbrachten, zu rechtfertigen und gut auf die Pferdeherde aufzupassen. Raschelnde Blätter war der gute Geist im Lager der Cheyenne, und ihrer selbstlosen Hilfsbereitschaft und ihres stets frohen Gemütes wegen bei Frauen, Männern und Kindern wohl gelitten.

Unermüdlich, alle Sinne bis zum Aeußersten angespannt, spähte Kleiner Wolf zum Feinde hinüber. Waffengeklirr, unterdrückte Kommandorufe und Pferdegewieher schlugen an sein Ohr. Ein dünnes, verächtliches Lächeln spielte um seine Lippen.

„Das Bleichgesicht ist wie ein Büffel, der blindlings heranstürmt. Wir werden gute Jagd haben."

Er faßte sein Gewehr fester. Der Zeigefinger spielte am Abzugbügel. Die Blauröcke kamen! In dichtgefügten Kolonnen schritten die schwarzen Gestalten die Uferböschung hinunter. Nun traten sie auf die Steine. Einer strauchelte und stürzte rasselnd zu Boden. Halblaute Flüche zischten auf. Immer näher kam die Mauer der Feinde.

Kleiner Wolf preßte die Waffe an die Schulter. Scharf blickte er über Visier und Korn. Wieder huschte das Lächeln über sein Gesicht. Nun konnte man sogar die lange Linie der bleichen Gesichter wahrnehmen. Er hörte die Truppen keuchen, — jetzt mochten sie wohl die Mitte des Flußbettes erreicht haben.

Kleiner Wolf richtete sich auf. Jäh zerriß der kreischende Schrei des Kriegsadlers die Dunkelheit, und ehe er verklungen, blitzte es rings um das Lager auf. Ununterbrochen krachten die Gewehre, pfiffen und jaulten die Kugeln und seufzten die Querschläger. Ein furchtbarer Feuerhagel überschüttete die Truppen. Schon nach dem ersten Schlag gerieten die vordersten Reihen in Unordnung und drängten zurück. Tote und Verwundete stürzten zu Boden. Die Zurückweichenden stolperten über die Gefallenen. Schmerzensschreie und gebrüllte Befehle übertönten das gnadenlose, pausenlose Knattern der indianischen Flinten. Eine Trompete schmetterte Signale. Und jetzt fluteten die Angreifer in wilder Hast, tödliche Angst im Nacken, wieder zurück in ihre Ausgangsstellungen.

Die Cheyenne hatten das Feuer eingestellt. Wildes Triumphgeheul stieg auf. Aber Kleiner Wolf war ein praktischer Mann.

„Holt die Waffen der Blauröcke", rief er seinen Kriegern zu, „holt die Gewehre und die Munition, aber laßt ihnen ihre Skalpe!"

*

Captain Wint, fassungslos, wie betäubt von dieser unerwarteten Niederlage, suchte die geschlagenen Truppen neu zu ordnen. Wohl brannte dieser neue Schlag wie glühendes Eisen in seinem Herzen. Aber er beherrschte sich, und wo alle ihre Nerven verloren, behielt er kühles Blut. Er wußte nun, daß er sich keine Ruhe mehr gönnen durfte, ehe diese Indianer nicht in seiner Gewalt oder vernichtet waren. Dieses Wissen, dieser eiserne Wille, verliehen ihm Haltung. Dreimal wurde er von den Roten gedemütigt, und jetzt hatten sie ihn sogar geschlagen. Seine Truppe hatte Tote und Verwundete zu beklagen. Aber die Roten würden alles das hundertfach, tausendfach büßen müssen. Auf die Dauer war er der Stärkere — und der Stärkere konnte warten!

Er rief nach Steve Jesky. Sergeant Kelly, eine blutverschmierte Binde um seine Stirne gewickelt, meldete sich.

„Steve Jesky ist gefallen, Sir, und auch Leutnant Freeland ist tot."

Ein Soldat suchte den Kommandanten.

„Ja, was ist los?"

„Sir, drüben bei den Indianern steht einer auf der Brüstung und schreit, die Blauröcke möchten ihre gefallenen Brüder holen. Von den Cheyenne werde ihnen kein Leids geschehen."

*

Zu allem Ueberfluß zeigte es sich, daß der Munitionskarren für die Howitzerkanone irgendwie verloren gegangen war. Ursprünglich hatte Wint beabsichtigt, das Lager mit Artilleriefeuer zuzudecken und dann den Angriff wiederholen zu lassen. Aber unter dem Eindrucke dieser neuen Hiobsbotschaft entschloß er sich, auf die Verstärkung aus Dodge zu warten. Er befahl, das Lager scharf zu beobachten, und im übrigen ließ er die erschöpften Soldaten ruhen.

Heiß brannte die Septembersonne. Ihre kargen Rationen hatten die Soldaten längst verzehrt, und die Feldflaschen waren leer. Hunger und Durst machten sich unangenehm bemerkbar und drückten mit der glühenden Hitze schwer auf die Gemüter der geschlagenen Soldaten. Immerhin, was Hunger und Durst betraf, waren die Spieße zwischen Verfolger und Verfolgten gleich lang!

Der Unglückstag ging ohne weitere Zwischenfälle zu Ende. Wieder brach die Nacht herein. Hüben und drüben wurden Feuer angezündet. Captain Wint verzehrte sich fast vor Ungeduld über das Ausbleiben der so sehnlichst erwarteten Verstärkung und zermarterte sich den Kopf über die möglichen Ursachen dieser unerwarteten Verspätung.

*

Die Kompanien legten sich zur Ruhe. Schläfrig umschritten die Schildwachen das Biwak. Plötzlich, gegen die zehnte Abendstunde, gab es Alarm! Drüben bei den Cheyenne zeigte sich eine immer lebhafter werdende Bewegung. Captain Wint ließ gefechtsbereit machen. Torkelnd vor Müdigkeit und Erschöpfung griffen die Soldaten nach ihren Waffen, und jetzt sahen sie, wie die Roten um ihre Feuer tanzten. Triumphierender Gesang, wilde Schreie hallten herüber.

„Die Hunde feiern ihren Sieg!" knirschte Wint.

„Captain, oh Captain!" schrie plötzlich einer der Soldaten, „seht, die Indsmen haben ja ihre Zelte abgebrochen!"

Hastig riß Wint den Feldstecher aus der Lederhülle. Tatsächlich, wiederum war es den Cheyenne gelungen, ohne daß die Blauröcke es bemerkt hatten, ihre Tipis niederzulegen und den Abmarsch vorzubereiten.

Wint sah, wie sie sich, immer noch singend, auf ihre Pferde schwangen und im Dunkel der Nacht verschwanden.

Doch jetzt war es mit der Selbstbeherrschung des Kommandanten zu Ende. Fluchend und tobend, fast von Sinnen vor Wut und Aerger, hieß er den Trompeter, das Signal „Boots and saddles"[1] zu blasen. Aber die Raserei des Captains vergrößerte nur noch den allgemeinen Wirrwarr. Erst nach geraumer Zeit waren die Kompanien in der Lage, die Verfolgung aufzunehmen. Sie überquerten den Fluß, durchschritten das geräumte Lager, und ritten hinein in die sternenklare Nacht. Das Tempo war scharf, denn es galt, die Fühlung mit den Fliehenden wieder herzustellen — Verstärkung hin oder her!

---

[1]) Entspricht unserem Befehl «Marschbereit machen».

Eine Meldung und ein Liebesbrief

«The Injuns come down in a wild yelling horde,
And Betsy was skeered they would scalp her adored;
Behind the front wagon wheel Betsy did crawl,
And there she fought the Injuns with musket and ball.»

Von Cowboys zu jener Zeit auf dem Chisholm Trail gesungen.

Sam Mather erreichte unangefochten die Stadt Dodge. Kaum sah er die ersten „Saloons" (Wirtschaften), eilte es ihm plötzlich nicht mehr sonderlich mit seinem Auftrag. Er ließ das Pferd in Schritt fallen und sah sich nach einem geeigneten Lokal um, in dem er sowohl etwas Zeitvertreib zu finden, als auch den ins Riesengroße angewachsene Durst zu löschen hoffte. Gemütlich ritt er über den Bahnhofplatz, — da ließ ihn eine helle Mädchenstimme aufhorchen.

„Hello, boy, reitest du ins Fort?"

Unser „trooper" wandte sich um. Ein leiser, anerkennender Pfiff entfuhr seinen Lippen. „Alle Wetter! Ein Prachtsmädchen! Sam, dir wird heute noch Glück widerfahren."

Er zügelte den Gaul und schnippste lässig mit zwei Fingern an den Rand des Käppis.

„Wie man's nimmt, my dear. Hab's im Sinn, könnte

aber sein, daß ich vorher noch etwas aufgehalten werde. Warum die Frage, wenn's beliebt?"

Das blonde Mädchen lächelte den Soldaten mit blitzenden Zähnen verheißungsvoll an.

„Nicht der Rede wert, Master! Könntest mir aber einen Gefallen tun, — ja?"

Sam brannte bereits lichterloh. Aber bevor er etwas entgegnen konnte, drückte ihm das Mädchen einen Brief in die Hand.

„Hier, gib das dem Intendanten im Fort ab. Ist die Rechnung für die Offizierswäsche. Brauche dann nicht selbst hinzugehen. Thank you, boy and bye, bye!"

Verblüfft starrte der Soldat auf den Briefumschlag. Erst der heftige Knall einer energisch zugeschlagenen Türe brachte ihn wieder in die merklich kühlere Wirklichkeit zurück. Die dralle Miß war verschwunden. Damned! Galliger Aerger stieg in Sam Mather auf. Im ersten Zorn darüber, daß er sich von diesem Frätzchen auf so läppische Weise hatte überrumpeln lassen, wollte er den Brief zerknüllen. Aber dann besann er sich eines Besseren und steckte ihn in die linke obere Brusttasche zu der Meldung seines Captains.

Jetzt war aber höchste Zeit, daß er irgendwo Einkehr hielt.

In einer etwas abseitigen Gasse stieß Sam auf eine verräucherte Spelunke. Einige Pferde waren bereits am Querbalken angebunden. Gröhlender Gesang und lautes

Gelächter erklang durch das halb offene Fenster. Der Melder schwang sich aus dem Sattel, wickelte die Zügel seines Tieres um einen Türpfosten und trat ein. Eine Welle von Rauch und Whiskydunst überflutete ihn. Durch den dichten Nebel steuerte er der Theke zu und bestellte einen „Doppelten" — zum Angewöhnen.

„Ist doch kein Soldtag heute?" forschte der Barkeeper mißtrauisch.

„Zum Henker mit dir!" brüllte Sam. Eine jähe Wut hatte ihn gepackt. Die ganze Welt schien ihn heute narren zu wollen, — erst das Mädchen, und jetzt noch dieser versoffene Dicksack. Drohend schüttelte der „trooper" seine Faust und schrie:

„Soll ich dir wohl Beine machen, du Wanze! Will dich lehren, wie man mit einem Soldaten, der eben einen gefährlichen Strauß mit blutigen Indianern ausgefochten hat, verkehren muß!"

Mit einem Schlage war es in der Kneipe ruhig geworden. Die Gäste, meistens Cowboys, einige Eisenbahnarbeiter, einzelne Spieler und die üblichen „holden" Damen, die zu solcher Umgebung gehörten, blickten auf den Blaurock, der da eine so kräftige Sprache führte.

„Oh, wir haben einen Helden unter uns", zwitscherte spöttisch die kleine Peggy, die eben mit einem großen, etwas schlaksigen, aber gut gewachsenen Viehhirten anbändeln wollte.

„Schweig!" fuhr der Cowboy das Mädchen unwirsch

an und befreite sich aus der Umarmung. Mit langen Schritten näherte er sich dem Soldaten und sagte in schleppendem Tonfall, der den Texaner verriet:

„Was hast du da eben behauptet, Blaurock? Indianer! Habe ich richtig gehört?"

Sam Mather kippte seinen Doppelten, wischte sich mit dem Aermel genießerisch über den Mund und leckte sich erst einmal ausgiebig die Lippen. Die Lage gefiel ihm nicht übel. Er sah sich da unversehens in den Mittelpunkt des allgemeinen Interesses gestellt und er war gesonnen, diese Entwicklung für sich auszunützen.

Der Cowboy nickte dem Barkeeper zu. „Gib dem Herrn Offizier noch 'ne Ladung, Jim." Und zum Soldaten gewandt: „Na, wie ist's? Habe anständig gefragt und erwarte eine anständige Antwort."

Sam schürzte den Knoten seines gelben Halstuches.

„Stimmt schon, was ich sagte, Master. Die Indsmen sind auf dem Kriegspfade. Haben uns mit ihnen geschlagen. Ging heiß zu."

Er kippte den zweiten Whisky. Unaufgefordert füllte der Wirt nach. Nun brach ein Sturm los. Die Männer erhoben sich von ihren Tischen und drängten an Sam heran. Gläser klirrten, Stühle fielen krachend auf den Bretterboden.

„Was? Indianer? Wo? Wann? Wieviele? Von welchem Stamm? Habt ihr sie geschlagen? Hast du keinen Skalp?" prasselten die Fragen von allen Seiten an Sam.

Hageldicht prasselten die aufgeregten Fragen an Mathers Ohren. Aber der schlaksige Cowboy gebot Ruhe.

„Mäßigt euch, gentlemen! Na, gebt schon Ruhe, damned fools! Schweig jetzt endlich, Holly, altes Klatschweib, sonst pumpe ich dir ein Schock Blei in dein ungewaschenes Plappermaul! So, Herr Oberst, genehmigen Sie noch eine Breitseite von diesem Feuerwasser, aber dann wird endlich erzählt. Ich will wissen, was da los ist. Hab' da am Arkansas-River unten einige tausend ‚long horns' (Rinder) und wollte morgen weiter, nach Wyoming hinauf. Kämen uns jetzt verdammt ungelegen, diese Indsmen, nicht wahr, boys?"

Die Viehhirten lärmten Zustimmung. Nun begann Sam zu erzählen, und unter dem Einfluß der Doppelten, der Hitze und der vielen neugierigen Blicke, malte er das Gemälde mit den kräftigsten Farben. Aus den dreihundert Indianern machte er dreitausend blutrünstige, skalpgierige Wilde, denen er, nachdem es ihm gelungen war, den Kriegshäuptling mit wohlgezieltem Schusse zu fällen, mit knapper Not entkommen war. Sam phantasierte und schwindelte, daß sich die Balken bogen. Aber die Zuhörer nahmen sein Gewäsch wirklich für bare Münze, sperrten Mund und Augen auf, und als der Blaurock gar ankündigte, das schauerliche Kriegsgeheul der Roten werde bald auch in Dodge-City zu hören sein, fuhr dem Barkeeper ein Kälteschauer nach dem andern den Rücken rauf und runter, und mancher tastete verstohlen nach seiner kribbeligen Kopfhaut.

Mather war im Element. Er schwadronierte weiter und stärkte seine ewig trockene Kehle andauernd mit dem so lange entbehrten feurigen Labsal.

Doch plötzlich unterbrach der Schlaksige den Vortrag.

„Stop, Herr General! Scheinen ja, by Jove, eine Gatlingkanone verschluckt zu haben. Könnt Ihr Eure Treter noch bis zur Türe schleppen? Wollen mal zum Sheriff rüber und ihm die ‚story' erzählen."

Er packte den schwankenden Sam unter dem Arm und schob mit ihm zum Lokal hinaus. Hinter den beiden drängte die ganze Gästeschar nach. Vergebens schimpften die so schnöde verlassenen „Damen" und jammerte der Wirt nach Begleichung der Zeche.

„Schreib's auf!" riet ihm der Schlaksige. „Die Indianer sind jetzt wichtiger als dein elender Sprit! Kommt, boys, helft mit, den Feldmarschall auf sein Schlachtroß zu heben, und dann los zu Sheriff Masterson."

Sie trafen ihn in der Schenke „Zum fließenden Mondlicht". Zum zweitenmal stand Sam im Mittelpunkt der allgemeinen Neugierde. Inzwischen war aber sein Bericht mit Windeseile von Haus zu Haus geflogen, und ehe der „trooper" lallend und stammelnd seinen Schauerroman beendet hatte, war ganz Dodge-City in Aufruhr geraten. Die Leute stauten sich vor der Schenke. Ein jeder wollte mit eigenen Ohren vernehmen, was dieser fremde Soldat zu erzählen wußte.

Sheriff Bat Masterson, ein Mann in mittleren Jahren, war nicht so schnell ins Bockshorn zu jagen. Aber, so überlegte er, wenn auch nur die Hälfte nicht gelogen ist, was der Kerl da zusammenspinnt, scheint es doch schlimm genug zu sein. Er wandte sich an Sam:

„Sagt mal, boy, warum seid Ihr eigentlich nicht bei Eurer Truppe? Was sucht Ihr hier in Dodge?"

Der Soldat glotzte ihn an.

„Seid Ihr etwa ausgerückt, was? Werde Eure Anwesenheit im Fort melden müssen."

Jetzt erwachte Sam aus seinem Dusel. Die Nebel verzogen sich, und seine Sinne kehrten alsgemach zurück.

„Teufel!" stammelte er und rieb sich verzweifelt die Hände, „dorthin muß ich ja gehen. Meldung von Captain Wint an Colonel Leach, Fort Dodge. Wir müssen Verstärkung haben."

Er wankte vorwärts.

„Laßt ihn gehen, gentlemen! Glaube, er hat einen schweren Gang vor sich!" riet der Sheriff. „Nun laßt uns beraten, was zu tun ist."

*

„Na, was kommt da für ein schöner Vogel angeritten?" schimpfte der wachthabende Sergeant, als Sam Einlaß begehrte. „Wo willst du denn hin, Söhnchen?"

„M-m-meldung von Captain Wint an Colonel Leach, Sergeant."

„Und deswegen hast du wohl gleich ein ganzes Faß Whisky in dich hinein geschüttet, was?"

„Scher dich aus der Nähe!" fuhr er einen pfeifenrauchenden Soldaten an, der neugierig näher getreten war, „wenn das Whiskyfaß da Feuer fängt, fliegt das ganze Fort in die Luft."

Colonel Leach hatte eben eine Besprechung mit seinen Offizieren, als Sam Mather hereingeführt wurde. Stirnrunzelnd musterte der Oberst den schwankenden Soldaten.

„Na, was gibt's denn? Habt Ihr die Sprache verloren?"

„M-m-meldung von Captain Leach — hup — I'm sorry Sir, Meldung von Captain Wint an Colonel Leach, Sir."

Verwundert starrte ihn der Colonel an.

„Was für eine Meldung, Bursche? Zum Donnerwetter!"

Erschrocken stocherte Sam mit beiden Händen in seinen Taschen herum. Endlich erwischte er den Briefumschlag und streckte ihn Leach entgegen.

Der Colonel winkte einem jungen Offizier.

„Oeffnen Sie mal, Leutnant, und sehen Sie nach, was mir ein Captain Wint zu melden hat."

Der Leutnant nahm den zerknitterten Brief mit spitzen Fingern und riß den Umschlag auf. Er faltete den

Auszug der Cheyennekrieger
(RKO)

Drohend schwang Kleiner Wolf das Bündel der heiligen Pfeile...
(RKO)

Bogen auseinander und begann zu lesen. Plötzlich wurde er rot im Gesicht, seine Hände zitterten, — er wollte sich abwenden ...

Mit steigendem Unbehagen hatte ihm der Oberst zugesehen. Nun fuhr er den Offizier böse an:

„Verflucht, was gibt's da zu lachen, Leutnant? Zeigen Sie den Wisch her."

Der junge Offizier hielt die Hand vor den Mund gepreßt, um nicht herauszuplatzen. Tränen liefen ihm über das Gesicht herunter. Sam Mather, der natürlich keine Ahnung besaß, was die Heiterkeit des Leutnants erregt haben könnte, grinste trotzdem blöde mit.

Brummelnd setzte sich der Oberst den Zwicker auf die knollige Nase und fing seinerseits an zu buchstabieren:

„My Darling! Sweetheart! Honey ..."

Sein Schnurrbart sträubte sich. In den Augen begann es zu blitzen. Zornwütig fauchte er den Soldaten an:

„Kerl, was erlaubst du dir für schlechte Späße! Was soll dieses blödsinnige Possenspiel?"

Und nun entlud sich über den armen, ahnungslosen, wie eine Palme im Sturmwind schwankenden Sam ein Donnerwetter, wie er es wohl in seinem Leben noch nie gehört hatte. Verblüfft und ohne Verständnis über diese Vorgänge, sahen die anderen Offiziere dem Geschehen zu, bis der Leutnant das grausame Spiel unterbrach, und dem tobenden Colonel den Briefumschlag unter die Nase hielt.

Leach beruhigte sich etwas und setzte sich den Zwikker von neuem auf und las. Erstaunt blickte er den Leutnant an. Dann musterte er den „trooper", der unter der heilsamen Wucht der Leach'schen Donnerschläge wohl wieder nüchtern, aber keineswegs klüger geworden war. Wieder wechselte er hinüber zum Leutnant, und als er sah, wie schwer es diesem fiel, seine Heiterkeit zu unterdrücken, begann er unversehens zu lachen. Zuerst glucksend, dann polternd und wie nun der Leutnant, durch das Beispiel seines Vorgesetzten ermutigt, seinen Gefühlen freien Lauf ließ, konnte auch Leach nicht mehr an sich halten. Dröhnend, schallend widerhallte des Obersten Lachausbruch. Jetzt taten sich die zwei Offiziere keinen Zwang mehr an, und lachten, lachten, bis sie prustend und wiehernd in Atemnot gerieten. Der unglückliche Sam hingegen konnte die Tränen des Elends und der Verzweiflung nicht zurückhalten, und die anderen Offiziere, verständnisloser denn je, wußten sich vor Verwunderung und Neugierde ob diesem tragikomischen Schauspiel nicht mehr zu fassen.

Endlich, nach geraumer Zeit, übergab der Oberst Brief und Umschlag einem Offizier, der die Abzeichen eines Verwaltungsintendanten trug.

„Hier, mein Lieber! Meldung von Fräulein Lolita an Leutnant Button, ha-ha-ha-ha!"

Button erkannte die Handschrift und wurde dunkelrot vor Verlegenheit. Hastig riß er den Brief an sich.

Aber jetzt stiegen auch die anderen Herren nach, und zum drittenmal ließen Lachsalven die Fensterscheiben erzittern.

Endlich, endlich fing es auch im umdüsterten Kopf Sam's zu dämmern an. Entsetzt griff er in die linke Brusttasche.

„Ums Himmels willen, Sir, oh Sir", stotterte er völlig vorschriftswidrig, „jetzt habe ich Ihnen irrtümlich die Wäscherechnung gegeben, die ich dem Intendanten hätte überreichen sollen. Oh, Sir, ein Fräulein hat sie mir übergeben. Lassen Sie mich erklären ..."

Erschöpft ließ Leach sich in den Sessel fallen.

„Hören Sie auf, Menschenskind, schweigen Sie! Oh, ich kann nicht mehr, oh, oh ..."

Und von neuem begann die Gesellschaft zu lachen.

„Da hat man's, Button", japste der Oberst, „da hat man's, wenn Miß Lolita ihre Liebesbriefe als Wäscherechnungen tarnt und sie zu allem Ueberfluß noch einem Kavalleristen anvertraut."

Doch Sam ließ nicht locker. Verzweifelt redete er auf den Obersten ein:

„Aber ich habe doch eine Meldung für Sie, Sir! Hier, sehen Sie: Meldung von Captain Wint an Colonel Leach. Es handelt sich um Indianer, um Cheyenne ..."

Als ob ein Blitz eingeschlagen hätte, wurde es im Zimmer gefährlich still.

Im Nu hatte sich Leach völlig aufgefangen.

„Zeigt her."

Er erbrach das Schreiben und las. Dann sah er die Offiziere an.

„Meine Herren, in Darlington ist doch diese Indianermeuterei ausgebrochen! Wann erhielten wir deswegen schon Meldung, Adjutant? Ah, vorgestern ... — Captain Wint teilt mit, daß es den Indianern gelungen ist, die Reservation zu verlassen. Er verfolgt sie mit zwei Kompanien Kavallerie aus Fort Reno. Die Roten müssen zur Zeit in der Nähe von Dodge-City sein ... ehem, Mann", er wandte sich wieder an Sam Mather. Eiskalt, messerscharf klang die Stimme. „Ihr hättet doch schon längstens hier sein sollen ..."

Sam blieb stumm. In seinem Kopfe dröhnte es. Er vermochte keinen richtigen Gedanken zu fassen.

„Antwort!!"

‚Oh Gott, jetzt bin ich verloren! Allmächtiger hilf, ich bin verloren! Was habe ich angerichtet?'

„Na, wird's bald?!"

„Ich bin ... ich habe ... ich wollte ..."

„Genug! Adjutant! Rufen Sie die Wache, daß man den pflichtvergessenen Kerl festsetzt!»

Kurze Zeit später wurde im Fort zum Sammeln geblasen. Fackeln erleuchteten den Platz. Die Truppen traten an. Colonel Leach und seine Offiziere nahmen die Meldungen des Sergeanten entgegen. Der Oberst dankte und richtete eine kurze Ansprache an die Soldaten.

„Leute! In Darlington, Oklahoma, sind Cheyenneindianer aus der Reservation geflohen. Die Bande muß bereits hier in der Nähe sein. Kavallerie aus Fort Reno verfolgt ihre Spur. Aus unerfindlichen Gründen erhielt ich erst jetzt Meldung, daß wir die Roten am Uebergang über den Arkansas hindern und uns mit der Kavallerie vereinigen müssen. Captain Sedberg!"

„Sir!"

Sie lassen Ihre Kompanie sofort marschbereit machen. Nach meiner Berechnung wird der Feind irgendwo zwischen Arkansas und Medicine Lodge sein. Damit Sie trotz der Verzögerung rechtzeitig eingreifen können, wird Ihre Kompanie mit Mauleseln beritten gemacht. Nähere Befehle erhalten Sie noch auf meinem Büro. Abtreten!"

*

In dunkler Nacht ritt Sedberg mit seinen auf Mauleseln gesetzten Infanteristen weg. Im Morgengrauen stießen sie, wie es Colonel Leach vorausgesehen hatte, nahe des Arkansas-River auf die Indianer. Der Captain hieß seine Kompanie absitzen und zu Fuß angreifen. Aber die Cheyenne merkten die Absicht der Soldaten. Mit Windeseile umritten sie die Truppe und schossen auf die verängstigten, störrischen Tiere. Statt zu kämpfen, hatten die Infanteristen alle Hände voll zu tun, um sich der wild gewordenen Esel zu erwehren. Als die Männer endlich kampfbereit waren, sahen sie die Cheyenne entlang dem Arkansas-River verschwinden. Auch Sedbergs Fluchen zauberte sie nicht wieder vor die Gewehre. Später, als er an der Spitze seiner Leute die Spur der Indianer verfolgte, wunderte er sich über den unerklärlichen Rückzug des Feindes. ‚Es wäre den Cheyenne', überlegte der Captain, ‚ein leichtes gewesen, seine an Menschen und Waffen vielfach überlegene Kompanie zu vernichten, als die Panik mit den Mauleseln ausgebrochen ...' — Er schüttelte den Kopf. ‚Unbegreiflich, wirklich unbegreiflich. Warum haben sie es nicht versucht? Was hatten sie für Gründe, sich zurückzuziehen?'

Die Bürgerwehr von Dodge-City

Kampflustig blitzt des Helden Auge!

Weder Sheriff Masterson, noch der schlaksige Texaner Cowboy brachten es fertig, der tobenden, blutdürstigen und nach Indianerskalpen gierigen Bürgerschaft von Dodge-City Vernunft beizubringen. Was nützte es, daß Bat bekanntgab, eine Kompanie Infanterie unter Captain Sedberg sei bereits nach den Indianern ausgerückt, und bald werde eine zweite Truppe unter Captain Trask ebenfalls in Marsch gesetzt, um die Cheyenne völlig einzukesseln? Er wurde überbrüllt und niedergeschrien. Beleidigende Schimpfworte wurden gegen ihn ausgestoßen.

„Wir haben einen Feigling zum Sheriff gewählt!"

„Leute! Bat soll unter seine Decke kriechen! Wir holen die Indsmen alleine!" höhnte ein alter, säbelbeiniger Viehhirte unter dem Beifall der aufgebrachten Menge.

„Diese roten Mörder, die selbst Frauen und Kinder nicht verschonen, müssen nun endlich vertilgt werden! Auf, Männer! Holt eure Waffen! Wir ziehen aus!"

So schrien und brüllten sie alle durcheinander.

Als Bat Masterson erkannte, daß die Bürger keinem seiner Einwände zugänglich, und von ihrem Entschluß, die Indianer zu bekriegen, nicht mehr abzubringen waren, machte er gute Miene zum bösen Spiel.

Er zog seinen Colt und feuerte eine Reihe Schüsse in den nächtlichen Himmel, um sich Gehör zu verschaffen.

„Gentlemen! Ihr sollt nicht sagen können, der alte Bat Masterson sei ein Hasenherz. Wenn ihr schon mit Teufels Gewalt auf den Kriegspfad ziehen wollt, werde ich euch führen ..."

„Hurra für Bat Masterson!"

„Lang lebe der Sheriff!"

Jauchzend umdrängten die Bürger den eben noch gelästerten Bat, und im Nu hatten ihn zwei kräftige Kerle auf ihre Schultern gehoben.

„Hoch Bat Masterson! Hoch! Hoch!"

Wieder war Masterson genötigt, eine Anzahl Löcher in den sternenfunkelnden Septemberhimmel zu schießen.

„Gentlemen! Kraft meines Amtes als Sheriff in Dodge-City, biete ich hiermit die Bürgerwehr auf und erkläre mich als ihr Kommandant!"

„Hoch! Hoch!"

„Chuck Holston und Ernest Cullen sind Zugführer!"

„Hoch Chuck! Hoch Ernest!"

„Nun eilt nach Hause, holt eure Gewehre und etwas Proviant. Sattelt eure Gäule, in einer halben Stunde besammeln wir uns wieder auf diesem Platz!"

Im Morgengrauen verließ Dodge-Citys Bürgerwehr die Stadt. Ein ungeordneter, schwatzender, lachender

Haufen bewaffneter Zivilisten wälzte sich dem Arkansas-River entgegen. Voraus ritten Bat Masterson, der schlaksige Texaner und die beiden Zugführer. Weder der Sheriff, noch irgend einer dieser komischen Armee dachte ernstlich daran, daß sie den Indianern begegnen könnten. Die wenigsten von ihnen wußten überhaupt, was es hieß, mit den Rothäuten in ein Gefecht zu geraten. Dieser Ausritt war für sie ein willkommenes Abenteuer, eine Abwechslung in ihr eintöniges Dasein.

Aber kaum, daß die Stadt ihren Blicken entschwunden und kaum, daß die Septembersonne ihre immer noch stechenden Strahlen auf die Männer herunter sandte, wurden einige unter ihnen dieses „Kriegszuges" schon reuig. Dieser und jener sah sich genötigt, nach der Whiskyflasche zu greifen, um den zusehends sinkenden Mut wieder aufzustacheln. Da das jedoch öfters geschehen mußte, war die flüssige Labe bald zur Neige, und nun begann man ernstlich davon zu sprechen, ob es nicht vernünftiger wäre, wieder nach Hause zurückzukehren.

„Habe eine Menge zu tun, heute. Kann die Arbeit nicht einfach liegen lassen", gab einer dieser Helden zu bedenken.

„Der verdammte Blaurock hat uns angelogen. Weit und breit kein Injun.

„Was reiten wir noch lange auf der Prärie herum?" brummte ein anderer.

Aber Bat Masterson blieb fest.

„Ihr habt es so gewollt, gentlemen, und jetzt bleibt es dabei. Wir suchen die Indianer, bis wir sie gefunden haben."

Keine Hurras und keine Vivatrufe lohnten diese kurze Rede. Eine Weile blieb alles stumm, und verdrossen ritt die Schar weiter.

Aber jetzt machte sich „Zugführer" Chuck Holston zum Fürsprecher der Unzufriedenen.

„Hm", äußerte er sich zu Bat, „die Leute haben so Unrecht nicht. Ueberlege mir nämlich gerade, ob es militärisch zweckmäßig ist, wenn wir die Stadt von allen bewaffneten Männern entblößen. Wer weiß, vielleicht haben uns die Indsmen beobachtet, und während wir hier ergebnislos herumreiten, morden sie unsere Frauen und Kinder, hm, hm."

Und Ernest Cullen fügte bei:

„Abends, wenn wir dann heimkommen, können wir die Leichen aus den Ruinen suchen und begraben ..."

„Unsinn!" knurrte Masterson.

Aber der Funke hatte gezündet, und die Verzagten fanden immer mehr Anhänger. So, wie sie noch vor wenigen Stunden unter dem Einfluß Sam Mather's phantastischen Erzählungen nach Blut und Skalpen gelechzt hatten, — so begehrten sie jetzt gegen diesen „Kriegszug" auf und wünschten die ganze Geschichte zum Teufel. Sie hatten genug von diesem Abenteuer. Sie wollten einfach wieder nach Hause.

Nach Hause! Hörst du, Bat Masterson: Nach Hause!!

Wieder gellten Schimpfworte um die Ohren des Sheriffs. Dessen Geduld ging nun zu Ende. Mit zorngerötetem Angesicht, bebend vor Wut über seine kleinmütigen Bürgerwehrler, zügelte er das Reitpferd, um den Männern eine Standpauke zu halten. Aber er kam nicht dazu, — denn keine hundert Schritte vor ihnen tauchten die Indianer auf!

Den Bürgerwehrlern gefror das Blut in ihren Adern. Starren Blickes glotzten sie den langsam näher kommenden Feind an, den zu suchen und zu „vertilgen" sie ausgezogen waren. Selbst Bat Masterson und der schlaksige Cowboy saßen vor schreckhafter Ueberraschung wie festgenagelt in den Sätteln. Der Sheriff faßte sich zuerst. Das also, waren die Frauen- und Kindstöter, die Brandstifter und Viehräuber! Ungläubig schüttelte er den Kopf. Diese müden, scheinbar zu Tode erschöpften Männer, mit ihren alten Flinten, Bogen und Lanzen, — nein, das waren nicht jene Feinde, mit denen sie zu kämpfen gedachten. Und dann die Frauen, in zerlumpte Decken gehüllt, die Kinder an sich gepreßt ...

Bat Masterson kam aus dem Staunen nicht heraus. Da hatte er sich die ganze Geschichte doch anders vorgestellt ... Na, ja, es waren zweifellos Indsmen. Da gab es nichts zu deuteln. Aber so zogen die Roten doch sonst nicht auf den Kriegspfad? Immerhin, Vorsicht schien geboten! Er griff nach dem Gewehr ...

Anfänglich waren die Cheyenne wohl nicht minder überrascht als Bat Masterson und seine Mannen. Aber durch die Erfahrungen der jüngsten Zeit in ihrer Gewißheit bestärkt, daß bewaffnete Bleichgesichter, ob sie nun blaue oder andersfarbige Röcke trugen, den Cheyenne gegenüber keine guten Absichten hegten, fackelten sie nicht lange.

Kleiner Wolf trillerte den schrillen Kriegsruf der Hundekrieger, und im nächsten Augenblick kamen diese abgezehrten, schwarz bemalten Indianer auf ihren brandmageren Gäulen herangesprengt. Ihr belferndes Geheul drang sogar dem kühlen Texaner durch Mark und Bein. Schon fächerten die Roten aus. Bat wußte, was das zu bedeuten hatte. „Absteigen und zu Fuß fechten!"

Ja, diesen Befehl hätte er als Kommandant erteilen müssen — und um der Gerechtigkeit Genüge zu tun: er hatte die redliche Absicht dazu! — Aus eigener Anschauung war ihm bekannt, daß nur diese Taktik dem indianischen Reiterangriff standhalten konnte. Doch jetzt war es zu spät, — jetzt ging alles furchtbar schnell!

Eine einzige Salve feuerten die Rothäute ab, und diese schlecht gezielten Schüsse gaben den Helden aus Dodge-City das willkommene Signal, ihre gut genährten Pferde herumzureißen, ihnen die Sporen in die Weichen zu stoßen, daß sie vor Schmerz laut aufwieherten — und tief über die Hälse gebeugt zu fliehen! Ein jeder dieser gentlemen jagte davon, als ob ihm der Leibhaftige im Nakken sitzen würde. Nach welcher Richtung ihre Gäule galoppierten, war ihnen so gleichgültig wie irgend etwas. Nur fort !Nur fort! So schnell wie möglich weg aus dem Bereich von Tomahawk und Skalpiermesser! Ja, die Geschichte weiß zu berichten, daß die meisten von ihnen erst wieder zu Verstand und Besinnung kamen, als ihre Pferde vor verschlossenen Stalltüren standen und trotz Sporenstößen nicht mehr weiter rennen wollten . . .

Immerhin, zur Ehre Bat Mastersons und des schlaksigen Texaners sei gesagt, daß sich beide für sich selbst und für ihre Leute in Grund und Boden schämten. Zwar, sie hinderten ihre Pferde auch nicht sonderlich, als sie galoppierten, aber — so sagten sie sich nachträglich — was hätten zwei Bleichgesichter gegen so viel Indianer ausrichten können? Nichts! Nichts, als den Skalp verlieren und sterben! Doch hatten sie den Tod eigentlich den Cheyenne zugedacht. Ueberdies gefiel es dem Sheriff noch lange, den messingenen Amtsstern zu tragen und in der Schenke „Zum fließenden Mondlicht" zu sitzen. Auch dem Texaner war es lieber, sein Haar samt Kopfhaut unter dem breitkrempigen Hut zu wissen. Außerdem gehörte Bat Masterson, als Sheriff und Kommandant der Stadtwehr zu seinen Bürgern, und der Schlaksige zu seinen langhörnigen Rindern. Solche Ueberlegung war nicht mehr als billig und kein Christenmensch konnte etwas dagegen haben, daß auch sie beide den klügeren Teil erwählten, und mit ihren Leuten um die Wette ritten, — so schnell, als gelte es den großen Turfpreis von Dodge-City zu gewinnen!

*

Des Texaners Pferd galoppierte geradewegs zur Viehherde, wo nach und nach ein Cowboy nach dem andern heil und wohlbehalten eintraf. Sie hatten sich nicht viel zu erzählen, sondern begnügten sich damit, jeder auf seine Art, entweder einen gewaltigen Schluck Whisky zu genehmigen, oder einen ansehnlichen Priem Tabak in den Mund zu stopfen. Bat Masterson und einige seiner Leute aber landeten interessanter Weise am Ende ihres tollen Rittes bei den erschöpften Truppen des Captains Wint. Um Haaresbreite wären sie von den Soldaten beinahe noch unter Feuer genommen worden. Wints zuverlässigem Feldstecher hatten sie es zu verdanken, daß man sie bei den Blauröcken mit großem Hallo, statt mit einer Ladung heißen Bleis begrüßte. Endlich erfuhr der Captain aus dem Munde Mastersons auch den ersten Akt von Sam Mather's Schicksalsschlägen.

Chuck und Ernest hingegen, und mit ihnen auch das Gros der Bürgerwehr, erwischten auf der Flucht den richtigen Trail und erreichten etwas atemlos, aber sonst unbehelligt, die Stadt, wo sie sich mit gemischten, vielleicht sogar unbehaglichen Gefühlen, plötzlich in den Mittelpunkt weiblicher Neugierde und Spottsucht gestellt sahen.

Captain Trask tritt auf

«Viel Blutvergießen wäre vermieden worden, hätten nur die verantwortlichen Offiziere mehr Takt und Feingefühl gezeigt.»

Aus dem Bericht eines Missionars jener Zeit.

Wints Truppen hatten nach ihrem überstürzten Aufbruch vom Medicine Lodge-River bald die Spur des flüchtigen roten Wilds verloren. Wohl achteten sie darauf, stets die nördliche Richtung innezuhalten, — der Captain wußte ja, wohin Stumpfes Messer und Kleiner Wolf zielten. Aber die Nacht war zum Verbündeten der Cheyenne geworden und verbarg vor den ungeübten Sinnen der Soldaten auch das geringste Zeichen. Wie sehr ermangelte jetzt Wint die Mithilfe des luchsäugigen Steve Jesky. Doch der Kundschafter lag Seite an Seite mit Leutnant Freeland unter der Uferböschung des Medicine Lodge begraben.

Der Kommandant fühlte sich äußerst unbehaglich, und nur mit Schaudern dachte er daran, wie leicht es den Indianern möglich wäre, ihm einen Hinterhalt zu legen und seine Truppen mit einem Feuerhagel zu überschütten. Er mußte unbedingt einen verläßlichen Wegweiser, oder noch besser, einen Kundschafter finden ...

Wo sie etwa einer einsam gelegenen Ranch begegneten, ließ er die schlafenden Bewohner wecken und nach den Cheyenne fragen. Aber meistens waren diese Leute ungehalten über die nächtliche Störung, oder zeigten sich zu Tode erschrocken und wollten nun ihrerseits alle möglichen Auskünfte haben. Wint verlor so eine Menge Zeit, ohne indessen je einmal zuverlässige Nachricht zu bekommen. Die verdammten Indianer schienen, wenn sie überhaupt durch diese Gegend gezogen waren, Watte um ihre Füße und um die Hufe der Pferde gewickelt zu haben.

Langsam schleppte sich die Kolonne in der milden, sternenklaren Septembernacht dahin. Im Gleichtakt klirrten die Säbel, und eintönig knarrten die Wagen. Weithin war das Hufegetrappel hörbar. Größtenteils schliefen die Kavalleristen vor Erschöpfung in den Sätteln. Auch Wint hielt sich nur mit Anstrengung wach, und es kostete ihn allerhand Ueberwindung, seine Augen offen zu halten. Wenn die Indianer wirklich in der Nähe waren, müßte es ihnen ein leichtes sein, die Verfolger zu überfallen oder ins Leere stoßen zu lassen.

Mitternacht war längst vorüber, als sie unversehens eine Gruppe Häuser aus der Dunkelheit auftauchen sahen. Wint ließ anhalten und ritt, von Leutnant Gatlow begleitet, dem vordersten Gehöft entgegen. Allenthalben erhob sich wütendes Hundegebell, und da die Köter sich anscheinend verschworen hatten, den ungebetenen

Stumpfes Messer unterhandelt mit Captain Johnston
(RKO)

STUMPFES MESSER IN FORT ROBINSON
«Captain Wessels, sage dem Großen Vater in Washington, wenn er uns zurückschicken will, werden wir uns mit unseren eigenen Messern töten.»
(Nach einer Zeichnung von Maynard Dixon)

und unbekannten Ankömmlingen den Eintritt in die Siedlung zu verwehren, sahen sich die beiden Offiziere außerstande, weiter vorzudringen. Die erschrockenen Pferde bäumten sich auf, schlugen in ihrer Angst nach allen Seiten aus, — kurz, es war ein Höllenspektakel.

Nur knappe zehn Schritte trennten sie von dem Hause. Plötzlich wurde im Erdgeschoß ein Fensterladen aufgestoßen. Ein Flintenlauf schob sich über die Brüstung, und eine tiefe, unwillige und sehr mißtrauische Baßstimme grollte:

„Was soll dieser verdammte Lärm zu nachtschlafender Zeit? Wer seid ihr, Fremde, und was begehrt ihr?"

„Hello the house!" antwortete Wint. „Bei euch scheinen sich sämtliche Hunde der Welt Stelldichein gegeben zu haben. Verjagt zuerst diese Bestien, dann können wir miteinander reden."

Der Gewehrlauf erhob sich drohend, und die Stimme des Unbekannten erwiderte etwas schärfer:

„Sehe keinen Grund dazu, Fremder. Aber nun gebt Antwort, sonst könnte euch sehr wohl Unangenehmeres passieren", und als unmißverständliche Warnung schob sich eine zweite Flinte über die Brüstung des benachbarten Fensters.

„Hier sind Captain Wint und Leutnant Gatlow aus Fort Reno. Wir haben den Auftrag, mit unserer Truppe eine aus der Reservation in Darlington ausgebrochene Bande Cheyenne zu verfolgen. Aber, nun zieht eure Kanonen zurück und jagt diese vermaledeiten Hunde zum Teufel. Wir suchen den Sheriff!"

„Schätze, daß ihr gerade an der richtigen Adresse seid. Bin selber Sheriff dieses Ortes. Will, zünde eine Lampe an, und scheuche dann die Hunde weg, damit die Offiziere nähertreten können."

Wenige Augenblicke später sahen sich Wint und Gatlow einem älteren Rancher gegenüber, der sie aus zusammengekniffenen Augen einer scharfen Musterung unterzog. Hinter ihm stand ein jüngerer Bursche, jedenfalls sein Sohn. Beide trugen immer noch ihre schußbereiten Waffen.

„Müßt wissen, Captain, sind es nicht gewöhnt, mitten in der Nacht aufgeweckt zu werden. Treibt sich allerhand Gesindel hier herum. Aber tretet immerhin herein."

„Keine Zeit zu langen Gesprächen, Sheriff. Haben die Spur der Roten verloren. Könnt Ihr uns einen Kundschafter zur Verfügung stellen, der etwas vom Fährtensuchen und -lesen versteht?"

Der Sheriff dachte nach.

„Yes, wir haben hier einen in Greensburg. Ist allerdings schon bald achtzig, aber macht noch jedem Jüngeren etwas vor. Pop Filway heißt der Mann. Will, eile doch rasch rüber und hole ihn aus den Federn, damit er sich selber äußern kann ..."

„... nicht notwendig, Sheriff, nicht notwendig. Bin

schon da", kicherte eine etwas brüchige Stimme vom Hauseingang her, und die Gestalt eines gebückten Mannes mit schlohweißen Haaren, die bis auf die mageren Schultern herunterfielen, trat in den Lichtkreis. „Ihr habt ja ganz Greensburg geweckt, Captain, und Eure Armee hörte ich schon lange dahertrappeln."

„Well, Pop, das sind Captain Wint und Leutnant Gatlow aus Fort Reno. Sind vorhin bald von den Hunden gefressen worden. Sie suchen eine Bande Injun und haben die Spur verloren. Hilf ihnen, daß sie mit ihren Leuten wieder auf das richtige Geleise kommen."

„Hi, hi, soll gern geschehen. Na ja, Captain, die Roten bewegen sich auf den Sohlen eines Pumas. Aber Pop Filway hat schon manchen Puma erlegt, hi, hi! Augenblick, will rasch meine Betty satteln, und dann kann's losgehen."

Ehe eine Stunde nach diesem Zusammentreffen vergangen, hatte Pop Filway die verloren gegangene Spur tatsächlich gefunden, und so wie er die Huf- und Fußabdrücke begutachtete, war sie sogar recht „heiß". Die Indianer schienen nicht weit entfernt zu sein.

Aber diese Erkenntnis machte auf die ermüdeten, hungrigen Soldaten keinen Eindruck. Stumpf, ohne Anteilnahme saßen sie in den Sätteln und trotteten in den anbrechenden Tag hinein. Pop, auf seiner grauen Eselin sitzend, ritt neben dem Captain, der dem lustigen Geschwätz des mitteilungsbedürftigen Kundschafters nur mit halbem Ohr zuhörte. Es bedrückte ihn, daß die Verstärkung aus Fort Dodge immer noch nicht zu ihm gestoßen war.

Plötzlich hörten sie aus weiter Entfernung, in ungefährer Richtung des Arkansas-Rivers eine rasche Folge von Schüssen. Captain Wint rief nach Leutnant Gatlow und befahl ihm, mit einem Unteroffizier und zwei Soldaten vorauszureiten und nach der Ursache der Schießerei zu forschen. Der Leutnant, ein Freund des gefallenen Freeland, freute sich über diesen Auftrag, denn er hatte sich geschworen, den Tod seines Kameraden an den Indianern zu rächen. Er hoffte insgeheim, die Cheyenne irgendwie überfallen zu können und ihnen einige Verluste zuzufügen.

Wint beschloß, bis zur Rückkehr der ausgesandten Patrouille an Ort und Stelle zu warten und seinen ausgepumpten Leuten etwas Ruhe zu gönnen. Die meisten Soldaten fielen einfach aus den Sätteln und schliefen neben ihren Pferden. „Gottseidank", dachte der Captain, „sind die Indianer nicht in der Nähe. Wie sollte ich mit meinen Leuten noch kämpfen können?"

Er bat Pop Filway, die Wache zu übernehmen, dann sank auch er in tiefen Schlaf.

Es schien ihm, er habe kaum die Augen richtig geschlossen, als ihn Pop schon wieder heftig am Aermel zerrte.

„Wacht auf, Captain, wacht auf!"

„Ho, zum Teufel, was ist denn jetzt wieder los?" fluchte Wint schlaftrunken.

„Nehmt Euren Feldstecher und schaut mal da rüber. Es kommt eine größere Bande Berittener angesprengt. Kann noch nicht unterscheiden, welche Hautfarbe sie tragen."

Im Nu stand Wint auf den Beinen und spähte in der angedeuteten Richtung. Besorgt schüttelte er den Kopf.

„Werde nicht klug. Auf jeden Fall sind's keine Soldaten."

Er ließ Alarm schlagen und brachte die Männer unter vielem Fluchen und Schimpfen soweit, daß sie ihre Gewehre in Anschlag nahmen. Dann setzte er das Glas wieder an die Augen. Endlich atmete er erleichtert auf.

„Es sind Weiße. Nun gut, werden bald wissen, was sie von uns wollen, daß sie's so eilig haben."

Mit unverminderter Geschwindigkeit jagte der Trupp den Soldaten entgegen.

„Damned, die rennen ja, als säße ihnen der Leibhaftige im Nacken", murmelte Pop. Wint hingegen, der sich das merkwürdige Verhalten dieser Fremden ebenfalls nicht erklären konnte, zog seine Pistole und feuerte einen Warnungsschuß ab. Jäh blickten die Heransprengenden auf und zügelten ihre Pferde.

„Was ist los, Fremde?" schrie der Captain den Reitern entgegen, „sind euch Indianer auf den Fersen?"

Die Männer kamen näher. Voraus ritt einer mit dem

Stern des Sheriffs auf dem Rock. Er zog den Hut.

„Mein Name ist Bat Masterson, Sir. Bin Sheriff von Dodge-City. Haben in der Tat mit den ‚Dog soldiers' eine Begegnung gehabt. Ist nicht gerade gut ausgegangen, das heißt, hm, hm, für uns. Schätze, daß wir noch eine Scharte auszuwetzen haben, gentlemen", wandte er sich an seine Leute, — „wäre Euch zu Dank verpflichtet, Captain, wenn Ihr uns erlauben würdet, in Euren Reihen mitzukämpfen. Ich möchte, wenn irgend möglich, mit erhobenem Haupte nach Dodge-City zurückkehren können."

Wint konnte ein Lächeln nicht unterdrücken. „Ist gut, Sheriff, seid uns willkommen. Reitet immerhin so lange mit, als Ihr es verantworten könnt."

Auch die Patrouille Gatlow kehrte zurück, ohne indessen Nennenswertes berichten zu können. Wint hörte sich noch die Erlebnisse Masterson's und Sam Mather's an, dann ließ er wieder aufbrechen.

Gegen Mittag, während der größten Hitze, tauchte vor ihnen eine lange Wagenkolonne mit einigen Berittenen auf. Der Captain setzte den Feldstecher an. Es waren Soldaten.

„Endlich, endlich! Es scheint die Verstärkung aus Fort Dodge zu sein."

Ein Offizier löste sich aus der Kolonne und galoppierte Wint entgegen.

Die Herren begrüßten sich.

„Captain Trask aus Fort Dodge."

„Ah, ich bin Captain Wint aus Fort Reno. Habe mit Sehnsucht auf Sie gewartet, Kamerad."

„Führe Ihnen meine Infanteristen auf Karren entgegen, Kamerad. Ist Captain Sedberg schon zu Ihnen gestoßen?"

Wint staunte.

„Captain Sedberg? Sah und hörte nie etwas von ihm. Seit Tagen folge ich nun der Fährte dieser verdammten ‚Dog soldiers'. Meine Leute sind zum Umfallen müde. Als wir gegen den Medicine Lodge-River ritten, sandte ich einen Mann nach Fort Dodge, um Verstärkung anzufordern. Nehme an, Sie sind es, Kamerad."

Trask bestätigte Wints Vermutung und erzählte nun, als Fortsetzung von Mastersons Bericht, den zweiten Teil von Sam Mather's Erlebnissen. Er teilte aber auch mit, daß sein Garnisonskamerad Sedberg vergangene Nacht mit einer Kompanie berittener Infanteristen ausgerückt sei, um die Roten am Uebergang über den Arkansas zu hindern und sich mit Wint zu vereinigen.

Captain Trask schloß sich mit seiner Kompanie den Renotruppen an, und nachdem sich die Soldaten Wints aus den Vorräten der Infanteristen notdürftig verpflegt hatten, zog die jetzt auf Bataillonsstärke angewachsene Streitmacht weiter. Sie schritten über den Arkansas, — vorher wurde Pop Filway von Wint mit bestem Dank für seine Dienste und mit einer Soldanweisung entlassen, — und betraten das Gebiet, das zusehends flacher wurde. Auch wurde die Grasnarbe satter und grüner. Es war noch jungfräuliche Prärie, und der nahe Arkansas sorgte für genügend Bewässerung. Die Renosoldaten atmeten auf, es tat ihnen wohl, nach so langer Zeit wieder einmal grünes Grasland zu sehen.

*

Stärker als die Soldaten, spürten die Cheyenne die Anstrengungen der letzten Tage. Längst waren ihre kargen Vorräte zur Neige gegangen. Sie nährten sich von Wurzeln oder kauten Baumrinde, um den bohrenden Hunger zu stillen. Wer den übermenschlichen Strapazen erlag, wurde bei einem kurzen Halt begraben. Sie hatten keine Zeit zu Totenfeiern und zu Klagegesängen. Die Ueberlebenden unterdrückten den Schmerz, stumm taten Männer, Frauen und Kinder ihre Pflicht. Sie ritten, kämpften und ritten und zwischen zwei Rasthalten legten sie regelmäßig an die sechzig und siebzig Meilen zurück. Sie wußten, daß die blauröckigen, bleichgesichtigen Verfolger keine Ruhe und keine Gnade kannten, und daß sie jederzeit und jeden Augenblick mit dem weißen Feinde zu rechnen hatten. Dabei wähnten Stumpfes Messer und Kleiner Wolf immer noch, es nur mit den Soldaten Captain Wints zu tun zu haben. Erst nach den beiden Treffen gegen die Bürgerwehrler Sheriff Mastersons und die „Maulesel-Kavalleristen" Sedbergs wurde ihnen offenbar, daß die Zahl ihrer Feinde sich vergrößert hatte. Sie machten sich aber deswegen nicht mehr Sorgen. Bisher hatten sie sich den Bleichgesichtern, seien es nun Blauröcke oder bewaffnete Zivilisten gewesen, stets überlegen gezeigt. Die Krieger waren guten Mutes. Schwieriger stand es eben mit der Ernährung und mit der Munition. Weil sie dringend Lebensmittel benötigten und mit der Gewehrmunition sparsam umgehen mußten, um durchhalten zu können, sahen die Indianer davon ab, Sedbergs Truppen und die kopflos fliehenden Bürgerwehrler zu verfolgen. Den Häuptlingen lag weniger daran, Skalpe zu erbeuten, als möglichst rasch und ohne große Verluste ihre Jagdgründe zu erreichen. Sie durchquerten ungesehen und unbehelligt den Arkansas und verschwanden im grünen Grasmeer. Unverzüglich wurden einige der jüngsten Krieger auf die Jagd geschickt. Kleiner Wolf suchte indessen einen günstig gelegenen Rastplatz und ließ das Lager aufschlagen. Frauen und Kinder stellten die Tipis auf, und die Männer errichteten mit gefällten Bäumen und gestochenen Rasenziegeln die üblichen Brustwehren.

Der Große Geist hatte es mit den Jägern gut gemeint. Einige feiste Antilopen waren ihnen vor die Gewehre gekommen. Bald zog der angenehme Duft frisch gebratenen Fleisches durch das Lager. Endlich durften sie sich wieder einmal satt essen.

Die Indianer waren nicht gewöhnt, für lange zum voraus Pläne zu machen. Sie taten das, was die augenblickliche Lage erforderte. Wenn sie kämpfen mußten, dann kämpften sie eben und zwar tapfer. War aber kein Feind in Sicht, drohte keine unmittelbare Gefahr, huldigten sie allzugerne einem sorglosen Schlendrian. Die Häuptlinge Stumpfes Messer und Kleiner Wolf unterschieden sich aber gerade darin von ihren Brüdern. Ihrem starken Willen war es zuzuschreiben, wenn die Cheyenne jeweils ihre Lager befestigten und Wachen ausstellten.

Sie hatten sich kaum um ihre Feuer gelagert und zu essen begonnen, als die Wachtposten Alarm schlugen. Jeder nahm noch rasch einen Happen Fleisch, und dann eilten sie in ihre Stellungen. Die Frauen löschten die Feuer aus, riefen die Kinder und trafen Vorbereitungen, um die Zelte niederzulegen.

Aufmerksam spähten die Krieger südwärts. Fern am Horizont wirbelte Staub in die Höhe, und schwarze Punkte bewegten sich hin und her.

„Die Blauröcke", murmelte Kleiner Wolf verbissen. Er wandte sich an seine Krieger: „Vor der Zeit, die die Weißen eine Stunde nennen, werden sie nicht hier sein. Eßt und trinkt noch, damit ihr gut kämpfen könnt."

Er trat zu den Frauen. „Laßt die Zelte stehen, meine Schwestern. Wir bleiben an diesem Lagerplatz. Sorgt dafür, daß die Pferde zusammengetrieben werden.

*

Auch die Truppen hatten das Lager entdeckt. Kampfesbegierde leuchtete aus Trask's Augen, als er Captain Wint fragte:

„Sind Sie mit mir der Auffassung, daß wir sofort angreifen, Kamerad? Je eher wir die Sache erledigen, desto besser."

Aber Wint schüttelte den Kopf und wies auf seine Kavalleristen.

„Seit zwölf Stunden sitzen meine Männer ununterbrochen im Sattel. Es wäre unvernünftig, mit diesen erschöpften Soldaten einen Angriff zu wagen. Vorerst bedürfen sie dringend der Ruhe. Ihre Infanteristen, Kamerad, sind für einen Angriff zu schwach. Ich habe es erfahren! Wir lassen diese Nacht vorübergehen und greifen am Morgen gemeinsam an."

„Bis dahin werden Ihnen die Roten wieder über alle Berge sein, Captain", brauste Trask wütend auf.

„Möglich", entgegnete Wint gelassen, aber mit fester Stimme, „aber ich weiß, daß jetzt ein Kampf aussichtslos und unvernünftig wäre. Die Indianer sind ausgeruht, — wir nicht. Ich habe deswegen schon Tote und Verwundete zu beklagen gehabt. Wenn wir jetzt angreifen und werden zurückgeschlagen, könnten wir die Roten doch nicht hindern, ihre Flucht fortzusetzen. Es bleibt bei meinem Befehl, Kamerad. Hier trage ich die Verantwortung."

Zähneknirschend mußte sich Captain Trask fügen.

Die Soldaten ruhten die ganze Nacht. Beim Morgengrauen befahl Wint stillen Alarm, und kurze Zeit später schritten die Kompanien, Kavallerie abgesessen, zum Angriff.

Doch die Indianer waren nicht zu überrumpeln.

Captain Wint, der die Angriffstruppen führte, wollte eben, wie es vorher vereinbart worden war, mit einem Revolverschuß das Zeichen zum Sturme geben, — da zischte über die gut getarnten Brustwehren ein Schauer von Pfeilen in die eng geschlossenen Reihen der Soldaten. Todesschreie gellten auf. Verwundete stöhnten. Wint drückte den Colt ab. Krachend entlud sich die Waffe. Aber ununterbrochen, lautlos, fuhren die Pfeile in die Masse der Angreifer und forderten ihre Opfer.

„Hinlegen!" schrie Wint.

Wo sie gerade standen, warfen sich die Soldaten nieder und eröffneten ein unregelmäßiges und schlecht gezieltes Feuer gegen die Verteidiger. Doch die Indianer gingen unverzüglich in Deckung und verbargen sich hinter den aufgeworfenen Brustwehren.

Als Captain Wint merkte, daß die Cheyenne nicht mehr antworteten, befahl er einen Sturmangriff. In wilder Hast stürzten die Soldaten dem Lager entgegen. Noch dreißig Schritte trennten sie vom Ziele, als es bei den Indianern plötzlich allenthalben aufflammte und eine Salve hageldicht den Blauröcken entgegenschlug. Die Angriffswelle stockte, brandete einen Augenblick an die Stellungen der Verteidiger, — dann flohen die

Truppen Hals über Kopf zurück, viele Tote und Verwundete zurücklassend ...

Erst hinter ihren Wagen fühlten sie sich einigermaßen vom Feuer geborgen. Außer Atem, furchtgeschüttelt und mutlos, fielen die geschlagenen Soldaten in aufgelöster Ordnung zu Boden. Der einzige Hilfsarzt und die wenigen Sanitäter suchten in der trüben Dämmerung zu helfen, wo man nach ihnen verlangte.

Wutschnaubend begab sich Captain Trask zum Kommandanten.

„Diese erbärmliche Niederlage fällt auf Sie zurück, Captain!" schrie er Wint ins Gesicht. „Ich habe Sie gewarnt, aber Sie haben alle meine Worte in den Wind geschlagen. Nun werden Sie auch die Folgen zu tragen haben."

*

Derweil die beiden Offiziere miteinander stritten, befahl auf der anderen Seite Häuptling Kleiner Wolf, die Zelte unverzüglich abzubrechen und sich zum Abmarsch bereitzumachen. Männer, Frauen und Kinder teilten sich in die Arbeit, und in kürzester Zeit waren die Cheyenne wieder auf dem Pfad ...

Das Hufegetrappel der sich rasch entfernenden Indianer brachte den niedergeschlagenen Captain Wint endlich zur Besinnung. Brüsk fiel er dem zornbebenden Trask in die Rede:

„Ob Sie es besser gemacht und mehr Erfolg gehabt hätten, Trask, wäre erst noch zu beweisen gewesen. Aber jetzt ist genug geschwatzt. Sie versorgen nun sofort die Verwundeten und lassen ihnen die nötige Pflege angedeihen. Schwerverletzte schicken Sie zurück nach Fort Dodge. Die Toten werden an Ort und Stelle begraben. Ich nehme mit meinen Leuten die Spur des Feindes auf, und Sie folgen mir mit Ihrer Kompanie und dem gesamten Train."

Er verließ den immer noch aufgebrachten Offizier. Da kam ihm Leutnant Gatlow entgegen und meldete, daß die Cheyenne einen Munitionswagen ausgeraubt hätten.

„Was zum Teufel, das ist doch nicht möglich, Gatlow."

„Tatsache, Sir. Während wir angriffen, muß sich ein Trupp in unseren Rücken geschlichen und die Munition gestohlen haben. Zehn Pakete zu je fünfhundert Schuß sind verschwunden."

Diese Hiobsbotschaft entfachte den Zorn des Captains zu hellen Flammen. Fluchend schwor er den Rothäuten blutige Rache. Als seine Kavalleristen endlich in den Sätteln saßen, hetzte er sie schonungslos vorwärts. Es war keine Kunst, die offene Spur zu halten. Bald flockte der Schaum um die Mäuler der Pferde. Die Männer litten Höllenqualen unter der stechenden Hitze. Aber Wint kannte keine Gnade.

„Vorwärts! Vorwärts! Sonst gehen uns die roten Hunde wieder durch die Lappen!"

Unendlich langsam rannen die Stunden. Schon mancher Reiter war zurückgeblieben, weil er oder sein Tier dieses unsinnige Tempo nicht mithalten konnten. Wint scherte sich nicht darum. Diesmal ging es ihm nicht mehr um die Erfüllung eines Auftrages, um die Befolgung eines Befehls, — er mußte seine persönliche Rache befriedigen, seine Ehre und sein Ansehen wiederherstellen! Das konnte nur mit Blut geschehen. Skalpe wollte er haben! Langsträhnige Indianerskalpe sollten an seinem Leibgurt baumeln, — vorher wollte er nicht nach Fort Reno zurückkehren. Er hetzte sein Pferd. Er hetzte seine Reiter. Rache für die Niederlagen! Rache für Trask's Anschuldigungen! Rache! Rache! Er war zum Raubtier geworden, das der Spur des auserwählten Opfers folgte, um zu töten!

Was, Gefangene machen? Was, Zurückführen des Stammes nach Darlington? Vorwärts! Vorwärts!

Mittag ging vorüber. Der Nachmittag wurde zum Abend. Schweißnaß war des Captains Pferd und die Pferde der Soldaten. Schweißnaß war der Captain selbst und seine Soldaten. Durst hatte ihre Kehlen ausgetrocknet. Wie ein ausgetrockneter Schwamm fühlte sich die Zunge im ledernen Gaumen. Die Pferde torkelten, und die Soldaten konnten sich kaum noch im Sattel halten. War der Hauptmann verrückt geworden?!

Wint schien vom Teufel besessen. Was kümmerte es ihn, daß die Ausfälle immer größer wurden? Daß die Kolonne längst auseinandergefallen und in einzelne Gruppen und Grüppchen aufgesplittert war? Er warf keinen Blick rückwärts, sondern hielt seine entzündeten Augen unverwandt auf die Spur gerichtet.

In leuchtender Pracht ging die Sonne unter. Roß und Reiter warfen lange Schatten.

Zum Rachedurst gesellte sich jetzt fressende Angst. Wie, wenn die Nacht hereinbricht, und die Spur verloren geht? Sollte er wieder in der Dunkelheit herumirren müssen, wie damals, nach dem Treffen am Medicine Lodge-River?

Tief bohrte er seine Sporen in die Weichen des keuchenden Pferdes. Angestachelt durch den Schmerz, gab das treue Tier seine letzten Kräfte her und jagte vorwärts. — Da tauchte das Indianerlager auf. Endlich!

Captain Wints geübtes Auge sah sofort, daß die Roten sich wieder einen zur Verteidigung hervorragend geeigneten Lagerplatz ausgesucht und sogar Zeit gefunden hatten, ihn zu befestigen. Mühsam stieg er vom Pferde. Da spürte er, wie ihn eine Schwäche überfiel, die seinen ganzen Körper zittern machte. Es wurde ihm schwarz vor den Augen. Hätte er nicht rechtzeitig die Zügel angefaßt, wäre er zu Boden gestürzt.

Er sah sich um, und nun erst gewahrte er zu seiner namenlosen Bestürzung, in welch erbärmlichem Zustande

Der letzte Kampf
(Nach einem Gemälde von Frederic Remington)

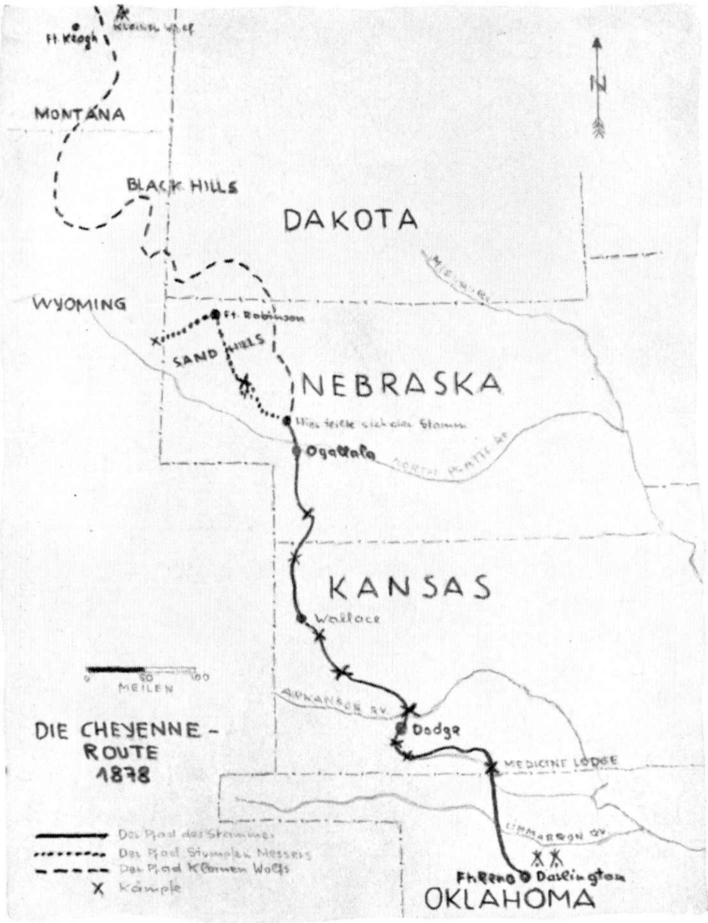
Ft. Keogh
MONTANA
BLACK HILLS
DAKOTA
WYOMING
Ft. Robinson
SAND HILLS
NEBRASKA
Ogallala
KANSAS
Wallace
MEILEN
0
50
100
Dodge
MEDICINE LODGE
DIE CHEYENNE-
ROUTE
1878
OKLAHOMA
N

Plan

seine Reiter den Halteplatz erreichten. Bis jetzt hatte ihn der glühende Wunsch nach Rache aufrecht erhalten und seinen Schwächeanfall überwinden lassen. Aber jetzt, als er sich eingestehen mußte, daß er mit seiner dezimierten, bis zum Tode erschöpften Truppe nichts mehr unternehmen konnte, packte ihn die Verzweiflung mit doppelter Wucht. Er ließ sich zu Boden fallen, krallte seine Finger in das dichte, fette Gras und stöhnte vor bitterer, abgrundtiefer Enttäuschung.

*

Die Soldaten lagen in bleiernem Schlafe. Sogar die Pferde hatten sich niedergelegt. Bis um die elfte Abendstunde waren immer noch Nachzügler eingetroffen. Die Schildwachen lösten sich jede halbe Stunde ab. Um Mitternacht schrie der Posten Alarm. Ehe die schlaftrunkenen Blauröcke wußten, was vorging, waren die Indianer wieder weg. Immer leiser tönte das Hufegetrappel, bis es von der Nacht ganz aufgeschluckt wurde. Wint, der sich selbst kaum gerade halten konnte, befahl die Wiederaufnahme der Verfolgung. Kaum die Hälfte der anwesenden Reiter vermochte den Anweisungen des Kommandanten zu gehorchen. Leutnant Gatlow wurde beauftragt, noch auf weitere Nachzügler zu warten, spätestens aber um drei Uhr früh dem Captain zu folgen.

Die Hetzjagd ging weiter!

*

Außerordentliches hatte Wints Truppe an diesem

Tage vollbracht. Aber noch viel großartiger war die beinahe übermenschliche Leistung der Indianer, die allesamt, vom Krieger bis zum Greise, von der Frau bis zum kleinsten Kinde, diese kaum faßbaren Anstrengungen erduldeten und ertrugen.

Captain Trask's Truppe mit seinen Infanteristen und den Wagen blieb weit zurück. Dem erbosten Offizier eilte es gar nicht sonderlich, die Kavalleristen einzuholen. Trask geizte seinen Untergebenen gegenüber nicht mit abfälligen Bemerkungen über den „hochnäsigen" Wint und dessen, nach seiner Meinung, „von jedem militärischen Wissen unbeschwerten Können". Als Infanterist empfand er sowieso nichts als Neid und Eifersucht über die Berittenen, und er gab diesem Gefühl lebhaften Ausdruck. Im Grunde seines Herzens gönnte er Wint diese Niederlage ...

Die Büffeljäger

*«Der Häuptling naht mit heftig raschem Tritte,
Ein Greis von finstern Augen, bleichen Locken.»*

Nicolaus Lenau, «DER INDIANERZUG».

Anfangs Oktober erschienen sechs schmutzige, in abgerissenen Kleidern steckende Männer auf Fort Dodge und begehrten Colonel Leach zu sprechen. Den Fremden war leicht anzusehen, daß sie ein böses Erlebnis hinter sich hatten. Ihre Augen flackerten vor ausgestandener Angst, auch schienen sie einen langen Ritt gemacht zu haben, denn sie schwankten vor Müdigkeit.

Leach ließ sie in seine Schreibstube führen und fragte nach ihren Wünschen.

„Colonel", ergriff der eine das Wort, „Colonel, wir sind Büffeljäger und hatten gestern im Grasland, einige zwanzig Meilen nordwestlich von hier, gute Beute gemacht. Siebzehn Büffel liefen uns vor die Flinten, und es war uns gelungen, alle Tiere zu töten. Ihr wißt ja, Colonel, die Häute werden gut bezahlt."

„Ja, ja, — macht weiter."

„Gut, wir freuten uns ob diesem Glück und beeilten uns, die Kadaver auszuschälen. Ist 'ne harte Arbeit, Sir, und 's braucht allerhand kräftige, geschickte Arme dazu.

Sonst versäbelt einer die Haut und macht sie wertlos. Außerdem spürt man bald das Kreuz, der Rücken schmerzt ..."

„... ich weiß, ich weiß!" unterbrach der Oberst nervös, „aber nun erzählt mal, was Ihr zu berichten habt."

„Kann's nicht zu schnell nehmen, Colonel, sitzt mir noch zu fest im Nacken. Verliere deswegen leicht den Faden. Habt Geduld, die Sache ist wichtig genug. — Also, wir häuteten die Büffel ab, — 's muß rasch gehen, bevor die Kadaver starr werden — und schichteten die Felle auf den Flachwagen, den wir immer mitgenommen haben. Das Fleisch ließen wir natürlich liegen, konnten's ja nicht brauchen; das heißt, wir schnitten zwei Zungen raus, entfachten ein Feuer und gedachten sie uns zu braten. Und wie wir da, nach der Arbeit, so gemütlich um das Feuer herumstanden, uns den Gewinn, den wir aus dem Verkauf der Häute zu schlagen meinten, abschätzten, hörten wir plötzlich herannahende Pferdehufe. Dachten uns weiter nichts dabei, Sir, reiten ja immer etwa Ranchers oder Cowboys auf der Prärie herum."

„Natürlich, natürlich."

„Sahen uns also nicht um, sondern schwatzten ruhig weiter. War vielleicht eine Dummheit, aber hätten auch nichts ausrichten können, wenn wir uns umgesehen haben würden, nicht wahr, boys?"

Die anderen bekräftigten mit stummem Kopfnicken die Ausführungen ihres Kameraden.

„Gut, ihr hättet nichts ausrichten können. Aber, Herrschaft, was wolltet ihr denn überhaupt ausrichten? Kommt doch endlich mal zur Sache, Mann, und schwatzt nicht das Blaue vom Himmel herunter. Militärische Kürze, Mann, militärische Kürze!" schnaubte Colonel Leach.

„Kann nun mal nicht anders reden, als mir der Schnabel gewachsen ist, Sir. Müßt schon damit vorliebnehmen. Oder will ein anderer versuchen, die ‚story' zu erzählen, boys?"

Die anderen verneinten heftig. Der Büffeljäger wischte sich den Schweiß von der Stirne und fuhr fort:

„Steht also fest, daß wir nichts, rein nichts, hätten ausrichten können, denn mit einem Mal waren wir von einer Menge Indianer umringt, Colonel. Und kamen ihrer immer mehr. Lauter zerlumpte, schwarz angestrichene Kerle, bis es zuletzt an die dreihundert waren, mit den Weibern und Kindern."

„Was?" fuhr der Oberst auf. „Was, ihr seid den Cheyenne begegnet?"

„Ist so, Colonel, es waren ‚Dog soldiers', kenne ihre Sprache etwas."

Aufgeregt trommelte Leach mit den Fingern auf der Tischplatte.

„Könnt Euch unseren Schrecken vorstellen, Sir. Seit Jahren hat man in einem Umkreis von mehr als hundert Meilen keinen Injun mehr gesehen, außer den paar versoffenen Burschen, die ständig um den Bahnhof herumlungern und die Leute belästigen. Unversehens wurden wir von einem ganzen Haufen umzingelt. War eine schiefe Sache für uns, glaubt es, Colonel. War wirklich eine schiefe Sache. Die Wilden machten einen Lärm, der unser Blut gefrieren ließ. Sie fuchtelten mit ihren Gewehren herum, schüttelten die Fäuste vor unseren Nasen, — schloß mit meinem Leben ab, Sir. Ihr auch, nicht wahr, boys?"

Heftiges Kopfnicken.

„Na also, schlossen mit unserem Leben ab; glaubten auch die Büffelhäute gesehen zu haben. Schade um den Verdienst. Sie haben sie uns wirklich gestohlen, die verdammten Banditen, wo wir doch gut und gern bis zwanzig Dollars hätten lösen können für eine Haut."

„Verflucht noch mal!" wetterte Leach, „es ist eine Qual, Euch anzuhören, Mann. Erzählt doch endlich fertig!"

„Der Verdienst war futsch, und wir fürchteten um unser Leben. Wie Hunde strichen die Kinder um uns herum, bissen uns in die Beine und zwickten uns sogar in ..."

„... und die Weiber zerrissen uns die Kleider, schaut mal, Sir", unterbrach einer den Erzähler.

Dieser wurde ungehalten.

„Brauchst mich nicht zu unterbrechen, Tom. Ist unanständig, nicht wahr, boys?"

„Ja, stimmt, die Weiber zerrissen unsere Kleider. Die

Krieger stahlen die Gewehre und Munitionsgurten, — haben wir uns auch denken können. Wie gesagt, Colonel, ich verstehe etwas cheyennisch. Noch von früher her, als ich ..."

„Schon gut, Mann! Weiter, weiter!"

„Verstand also, was sie uns entgegenbrüllten: ‚Ihr seid schuld an unserem Elend! Ihr schießt die Büffel zusammen! Wegen euch müssen wir hungern!' "

„Na, so unrecht hatten sie nicht", warf der Oberst ein.

„Meint Ihr, Colonel? Aber die Büffel gehören doch allen, nicht nur den Rothäuten. Hat ja ohnehin bald keine mehr. — Kurz gesagt, wir hatten keine Hoffnung mehr, mit dem Leben davonzukommen. Nichts als Haß stierte uns entgegen. Aber dann machten sie sich über die Büffelkadaver her. Im Augenblick war das Fleisch zerschnitten. Glaube, sie litten Hunger, bitteren Hunger. Sahen jedenfalls ganz ausgemergelt, hohlwangig aus. Auch schlugen sie den schönen Wagen zusammen, den wir erst kürzlich gekauft hatten. Was hat er schon gekostet? Glaube, an die zehn Dollars, nicht wahr, boys?"

Bestätigendes Kopfnicken.

„Sie machten mit dem Holz einige Feuer und begannen das Fleisch zu braten. Natürlich haben sie uns auch die Zungen genommen. Dabei hatten wir uns so auf diese Mahlzeit gefreut. Ist eine delikate Speise, Sir. Nehme an, Ihr habt es auch schon auf Eurem Tisch gehabt."

„Ja, ja."

„Waren wirklich ganz ausgehungert, die Roten. Ließen das Fleisch kaum gar werden. Und als wir so dastanden und zusehen mußten, erschienen zwei Häuptlinge. Den einen, alt und zusammengeschrumpft, kannte ich. Es war Stumpfes Messer. Früher ein berühmter Mann. Berühmt am Ratsfeuer und berühmt auf dem Kriegspfade. War erstaunt, ihn hier zu sehen. Glaubte ihn schon längstens in den Ewigen Jagdgründen. — Der andere war etwas jünger, auch größer und kräftiger. Sie nannten ihn Kleiner Wolf. Trotz des Höllenlärms, blieben die zwei ganz ruhig und starrten uns unverwandt an. Es begann mir unter den Haaren zu kribbeln, — euch auch, nicht wahr, boys?"

„Die beiden sprachen kein Wort, zündeten dann die Pfeife an und blickten uns weiterhin in die Augen. Möchte das nicht noch einmal erleben, Sir. Wurde mir ganz komisch zumute. Mag doch viel vertragen, aber diese Blicke machten mich ganz schwach. Immerhin, seit die Häuptlinge vor uns standen, wagte sich keiner mehr heran. Müssen große Macht besitzen, die zwei. Dachte nichts anderes als, sie würden sich überlegen wie man uns am besten martern könnte. Glaubt mir, Colonel, es war verdammt unheimlich."

„Sicher, sicher!"

„Endlich war die Pfeife zu Ende geraucht. Kleiner Wolf sprach einige Worte zu den Indianern. Habe sie nicht verstanden, ging mir zu schnell. Aber die Roten traten zurück, und dann wandte sich Stumpfes Messer an uns und sagte bloß: ‚Geht fort!' "

„Gestehe Euch, Sir, wir waren zuerst sprachlos. Aber die Cheyenne traten beiseite und ließen uns durch. Natürlich glaubten wir an eine Finte. Doch durften wir auf unsere Pferde sitzen. Immer noch fürchtete ich irgend einen heimtückischen Anschlag. Sah nochmals zurück. Keiner der Roten kümmerte sich um uns."

„Merkwürdig, höchst merkwürdig", murmelte Leach verwundert.

„Kann man wohl sagen, Sir. Immerhin, wir verloren keine Zeit mehr und ritten, als ob es uns doch noch ans Leben ginge. Jetzt ist die Geschichte zu Ende. Dachte, sie könnte Euch interessieren, Colonel. Glaube, daß wir nun einen Trunk wohl vertragen mögen, nicht wahr, boys?"

General George Crook

«Um die Wahrheit zu gestehen, ich kann mich nicht erinnern, jemals bessere und friedlichere Leute gesehen zu haben, als es die Indianer sind.»

Hariot.

Auf dem Kommandoposten General Crooks herrschte Hochbetrieb. Vor kurzem war ein Telegramm aus Washington eingetroffen, das Crook zum Oberbefehlshaber für die Operationen gegen die ausgebrochenen Cheyenne ernannte. Adjutanten, Ordonnanzen, Generalstabsoffiziere und Kundschafter kamen und gingen in ununterbrochener Folge. Das Büro Crooks glich einem Bienenhaus. Jedermann schien irgendwie aufgeregt, nur der gedrungene, graubärtige General bewahrte in diesem Getümmel seine Ruhe.

Er erhob sich von seinem Schreibtisch, griff nach seinem Hut und rief einen Adjutanten.

„Auf zwei Uhr bitte ich die Herren zur Konferenz. Ich reite jetzt noch etwas aus und überlege mir die Sache gründlich. Will keine Begleitung haben!" sprach's und verschwand.

General George Crook war ein in der Kriegführung gegen die Indianer erfahrener Offizier. Er hatte schon gegen die Apachen, gegen die Sioux und viele andere

Stämme gekämpft. Die Häuptlinge Stumpfes Messer und Kleiner Wolf kannte er persönlich von verschiedenen Ratsversammlungen her. Man konnte Crook nicht nachrühmen, daß er die Indianer etwa besonders schätzte. Aber er sorgte wenigstens dafür, daß es unter seinem Kommando nicht zu den sonst üblichen Ausschreitungen seitens der Soldaten kam. Er achtete seinen roten Gegner und war auch bereit, ihm Gerechtigkeit widerfahren zu lassen.

Erfrischt vom Ausritt in den schönen Oktobermorgen, kehrte der General wieder auf seinen Kommandoposten zurück.

„Etwas Neues von den Cheyenne, Adjutant?"

„Nichts Besonderes, Sir. Captain Wint marschiert Richtung Fort Wallace."

„Danke. Werden an der Stabsbesprechung die Operationen festlegen."

Pünktlich um zwei Uhr eröffnete Crook die Konferenz. Vor sich, auf dem Tische ausgebreitet, lag eine große Karte, umfassend das Gebiet der Staaten Kansas, Nebraska, South Dakota und Wyoming.

Crook griff nach einem Zirkel.

„Meine Herren", sprach er, „wir wissen ungefähr, wo sich die Cheyenne zur Zeit aufhalten. Mit Bestimmtheit ist anzunehmen, daß sie zwischen den Forts Dodge und Wallace sich nordwärts bewegen. Das erleichtert unsere Aufgabe ganz erheblich. Sehen Sie zu, ich stecke den Zirkel halbwegs zwischen Dodge und Wallace ein und ziehe einen Kreis, mit einem Radius von hundert Meilen. So! Innerhalb dieses Kreises werden wir die ‚Dog soldiers' finden. Wir haben lediglich dafür zu sorgen, daß sie nicht mehr heraus können. Ihr Ziel sind die Prärien in Nord-Nebraska und Wyoming. Also haben wir in dieser Richtung zu sperren und einen starken Riegel zu schieben. — Ist einer der anwesenden Herren mit meinen Ausführungen nicht einverstanden? Bitte, bitte, melden Sie sich ruhig. Sie wissen, daß ich begründete Kritik wohl zu ertragen vermag. — Aus Ihrem Stillschweigen darf ich entnehmen, daß Sie mit mir einig gehen. — Nun die Details ..."

Eingehend erläuterte General Crook den Stabsoffizieren seinen Operationsplan. Er war klar, einfach aufgebaut und vor allem, — er schien Erfolg zu versprechen. Keiner war unter diesen Offizieren, der nicht geglaubt hätte, daß Stumpfes Messer und Kleiner Wolf wie in einer Mausefalle gefangen saßen.

„... und jetzt, meine Herren: Gute Jagd!"

Mit diesen Worten beendigte Crook seinen Vortrag. Die Adjutanten begannen die Befehle zu diktieren.

Am nächsten Tag bereits setzten sich die Truppen in Bewegung. Insgesamt dreizehntausend Mann, die nach dem Ausbruch der Cheyenne derentwegen wohl alarmiert, aber noch nicht eingesetzt wurden, hatten nun von Crook genaue Befehle erhalten. Von allen Seiten her bewegten sich die Regimenter, Kavallerie, Infanterie, Artillerie und Genietruppen, gegen die Indianer, — gegen den Mittelpunkt des Kreises, den der General gezogen.

Unter den aufgebotenen Truppen befand sich auch das in Fort Mead (Dakota) stationierte berühmte 7. US-Kavallerie-Regiment, das am 25. Juni 1876[1] unter seinem früheren Chef, General George Armstrong Custer, von den Indianern in der Schlacht am Little Big Horn-River beinahe vernichtet wurde. Da die Cheyenne an diesem Kampf maßgeblich beteiligt waren, brannten die Soldaten darauf, blutige Rache zu nehmen. Aus Fort Robinson ritt eine starke Kavallerieabteilung ebenfalls nach Süden. Aus Fort Wallace rückte das 19. Infanterie-Regiment unter Colonel Lewis aus. Major Thornberg aus Sidney, Nebraska, hatte sein Infanterie-Regiment auf Flachwagen verladen. Außerdem nahm er noch Artillerie, vor allem schnellfeuernde Geschütze mit.

Alle diese Truppen bildeten eine riesenhafte Zange und — dachte der Oberkommandierende folgerichtig — von Süden her würde die Abteilung Wint die Indianer zwischen die offenen Greifer hineinstoßen.

General Crook tat noch ein übriges, um die Operation nach jeder Hinsicht gelingen zu lassen. Er ließ das ganze nördliche Halbrund des Kreises ebenfalls durch starke

---

[1]) Siehe Band 2 dieser Serie «Sitting Bull».

Truppen bewachen. Dadurch gerieten die Cheyenne in eine doppelte Falle. Nach menschlichem Ermessen gab es für sie keine Möglichkeit mehr, nach irgend einer Richtung auszubrechen. Eine undurchdringliche, an Menschen vierzigfach und an Waffen tausendfach überlegene Schranke, hatte sich zwischen die „Dog soldiers" und ihr Ziel geschoben.

Crook kabelte an General Sherman, daß die Angelegenheit in zwei bis drei Tagen geregelt sei.

„Gut", telegraphierte Sherman zurück, „wenn die Roten noch Ueberlebende haben, sofort nach Dry Tortugas verschicken!"

Colonel Lewis

Hoch zu Pferde zog er aus —
auf einer Bahre liegend,
ward er heimgetragen.

Oberst Lewis, Befehlshaber auf Fort Wallace, hatte die Ehre, ein ganz ausgezeichnetes Infanterie-Regiment zu kommandieren. Stolze Freude leuchtete aus seinem Gesicht, als er an der Spitze dieser Truppen auszog, um die „Dog soldiers" zu schlagen. Allerdings, diese „verlauste Bande rothäutiger Banditen", — wie er sich seinen Offizieren gegenüber verächtlich geäußert hatte — schien für seine prachtvollen Soldaten kein ebenbürtiger Gegner zu sein.

Voraus ritten sechs Pawneespäher, dann folgte, nach Kompanien gestaffelt, das Regiment. Am Schlusse ratterten und quietschten die schwerfälligen Bagagewagen.

Nach der langen Hitzeperiode empfanden die Männer das herbstlich-kühle Wetter doppelt angenehm. Die Prärie erglänzte im Schmucke von Millionen Tautropfen. Ueber diesem zauberhaften Bild strahlte die milde Oktobersonne. Sorglos und fröhlich marschierte das Regiment in das wellige, unermeßlich weite Grasland hinein. Offiziere und Soldaten schätzten sich glücklich, nach dem eintönigen Garnisonsdienst endlich wieder einmal ein spannendes Abenteuer erleben zu dürfen.

In weitem Abstand vor den Infanteristen bildeten die Pawnees eine langgezogene Sicherungskette. Ihre Adleraugen spähten aufmerksam über das grüne Meer und ließen sich nichts entgehen. Nach etwa zwei Stunden Marsches hielten sie ihre gefleckten Pferde an. Sie reckten die befiederten Köpfe nach vorne, zogen schnuppernd Witterung ein, wie Jagdhunde auf der Fährte des Wildes. Die am weitesten entfernten Späher ritten nach der Mitte, wo einer von ihnen, offensichtlich der Führer dieses Trupps, nach vorne zeigte. Dann wendete er sein Pferd und galoppierte zurück zu Colonel Lewis.

Er wies mit ausgestrecktem Arm voraus.

„Dort, Hundekrieger! Haben Lager aufgeschlagen und braten Fleisch."

Der Oberst gab sich aber mit dieser Meldung noch nicht zufrieden und befahl dem Indianer, weiter aufzuklären und genaueren Bescheid zu bringen. Immerhin ließ er das Vormarschtempo verlangsamen. Nach wenigen Minuten kam der Pawnee wieder herangaloppiert, bestätigte den ersten Bericht und fügte bei, die Cheyenne hätten sich eingegraben.

Lewis und seine Offiziere machten ungläubige Gesichter. Eingegraben? Das war doch wider jede indianische Kriegführung! Hatte man schon je einmal davon gehört, daß sich Rothäute hinter selbst gebauten Brustwehren, oder gar in Schützengräben verstecken würden? Zudem schien es dem Obersten überhaupt unwahrscheinlich, daß die Cheyenne in solcher Nähe des Forts weilten. Sie hatten doch erst noch bei Dodge-City gekämpft, und jetzt sollten sie schon hier sein? Ausgeschlossen!

Also ritt Lewis selbst zu den Spähern. Dort konnte er sich dann, mit Hilfe eines Feldstechers, selbst davon überzeugen, daß die Pawnees keinem Trugbild zum Opfer gefallen waren. In einer Entfernung von etwa zwei Meilen erhob sich, deutlich erkennbar, die Lagerfestung der Cheyenne aus dem Grasmeer.

Der Colonel führte das Regiment bis auf Schußweite an den Feind heran. Nachdem er die indianischen Stellungen nochmals einer eingehenden Prüfung unterzogen hatte, ließ er die Kompanien zum Angriff formieren. Er war zuversichtlich und glaubte, mit den Cheyenne leichtes Spiel zu haben. In Gedanken sah er sich an der Spitze der siegreichen Truppen und der von ihnen begleiteten Gefangenen in Fort Wallace einziehen. Guten Mutes gab er deshalb das Angriffssignal.

Voraus galoppierten die Pawnees, und hinter ihnen nahten im Schnellschritt, das Gewehr mit aufgepflanztem Bajonett vorgestreckt, die Infanteristen, angeführt von den säbelschwingenden Offizieren. Hörner schmetterten, und Trommeln wirbelten. Die Regimentsfahne knatterte im leichten Herbstwind. Mächtig, furchterregend dröhnte das „Hurra" dem wartenden Feind entgegen.

Heulend umkreisten die Pawnees das Lager. In rascher Folge feuerten sie ihre Gewehre ab. Doch die „Dog soldiers" regten sich nicht. Das Lager schien ausgestorben. Kein schwarzer Schopf, kein kegelförmiger Hut und keine zerzauste Feder zeigte sich über den Brustwehren. Immer enger zogen die Pawnees ihre Kreise, immer herausfordernder gellten ihre Schreie, und immer näher rückten die blauen Reihen.

Stumpfes Messer und Kleiner Wolf hielten die Krieger gut im Zaume. Keiner der Cheyenne ließ sich aus der Deckung locken, weder von den verhaßten Pawnees, noch von den bleichgesichtigen Feinden. Wohl spähten sie durch Ritzen und Löcher, aber das imposante militärische Schauspiel, das sich da vor ihnen entwickelte, konnte sie nicht einschüchtern. Die Krieger waren zuversichtlich. Sie hatten gut und reichlich Fleisch von Büffeln gegessen, die weiße Jäger kurz zuvor erlegt hatten. Endlich war das bohrende Hungergefühl verschwunden. Die köstliche Nahrung lieh ihnen neue Kräfte.

Kleiner Wolf gab ein Zeichen. Mit ihm nahmen Old Crow, Strong Left Hand, Tangle Hair und der alte Little Chief ihre Gewehre in Anschlag. Die fünf Schüsse knallten wie ein einziger scharfer Peitschenhieb. Drei Pawnees flogen kopfüber von ihren Ponies und zwei Offizieren entfiel der Degen im gleichen Augenblick, da sie tödlich getroffen ins Gras stürzten.

Wie von einer unsichtbaren Hand aufgehalten, stockte der flüssige Schritt der Angreifer. Betroffen blickten die Vordersten auf die zwei Gefallenen. Auch Colonel Lewis zügelte sein Pferd. Ueberraschung malte sich auf seinem geröteten Angesicht. Teufel, da lagen zwei der besten Offiziere auf dem grünen Teppich. Aus kleinen Löchern in der Brust rann das Blut, sickerte über die blauen Waffenröcke, in den Falten kleine Lachen bildend.

Dann schaute er wieder vorwärts, zum Feinde. Dort bot sich ihm und den Soldaten ein Bild, das in seiner Wirkung ebenso verblüffend, wie unerwartet war. Ein Indianer, — es war Häuptling Kleiner Wolf — stand auf der Brustwehr. Die Hände zu einem Trichter geformt, schrie er den Soldaten entgegen: „Go home! Kehrt zurück, Blauröcke!" Dann setzte er sich. Eine Pfeife wurde ihm gereicht, und er begann zu rauchen.

Lewis war starr ob solch tollkühner Frechheit. Dieser verfluchte Injun wagte es, ihn und sein berühmtes Regiment zu verhöhnen! Wut und Zorn drohten seine Stimme zu ersticken, als er den ihm am nächsten Stehenden zuschrie: „Feuert auf diesen roten Schweinehund! Los! Pumpt ihm den Wanst voll mit heißem Blei!"

Die Soldaten knieten nieder und gaben eine Salve ab. Kleiner Wolf lächelte spöttisch und schwenkte die Pfeife hin und her, als wollte er sagen: „Weißer Mann schlecht schießen!" Aber dann drehte er sich rückwärts und erteilte seine Befehle.

Flammenzungen sprühten auf. Trocken knatterten die Gewehre der Cheyenne, Tod und Verderben in die Reihen der Blauröcke schleudernd. Als einer der ersten stürzte Colonel Lewis schwer getroffen vom Pferd. Mit ihm sanken tote und verwundete Soldaten zu Boden. Aber die gut geschulte Truppe gab sich nicht so leicht geschlagen. Jetzt erst recht, drauf auf den Feind! Immer noch wehte die Fahne, und von neuem gellten die Hörner, rasselten die Trommeln.

Kleiner Wolf war wieder hinter der Deckung verschwunden. Unter seiner Leitung fuhr Schuß um Schuß den Soldaten entgegen. Je näher die Infanteristen an die Festung herankamen, desto dichter, desto wirksamer wurde das Feuer der Verteidiger. Schon gewahrten die Cheyenne das Weiße in den blutunterlaufenen Augen der Angreifer; schon glaubten sie sich auf den Nahkampf bereit machen zu müssen, — da brach die Wucht des Sturmes. Keine zehn Schritte trennten die Gegner voneinander, als sich die Truppen in kopflos wilder Flucht zurückzogen. Die Cheyenne stellten das Feuer ein, stiegen über die Schanze und eilten zu den Gefallenen und Verwundeten. Aber nicht nach Skalp und Coup stand ihr Begehr, sondern nach Munition. Sogar die Verwundeten ließen sie ungeschoren. Mancher verwundete Blaurock murmelte in blasser Todesangst ein

Stoßgebet, als er ein grimmiges, mit schwarzer Farbe verschmiertes Indianergesicht über sich gebeugt sah. Aber Kleiner Wolf achtete scharf darauf, daß keiner seiner Brüder sich etwa einen Uebergriff erlaubte. Sie füllten ihre Taschen mit den so begehrten Gewehrkugeln, zogen da und dort vielleicht noch eine Rolle Tabak hervor und verschwanden wieder hinter der Lagerbrüstung.

*

Angesichts der Bagagewagen, deren Bedeckung sich ebenfalls anschickte, die Flucht zu ergreifen, kamen die zurückflutenden Truppen endlich zur Besinnung. Noch zitterten ihre Glieder vor Schrecken, aber die Offiziere wurden doch wieder langsam Herr der Lage. Der junge Leutnant Fitzgerald, Adjutant des Regimentskommandanten, für den dieses unglückliche Treffen zugleich die Feuertaufe gewesen war, suchte im Getümmel den Obersten. Plötzlich erinnerte er sich dunkel, den Colonel am Boden liegen gesehen zu haben. Er verlor keine Worte und kehrte zurück, um seinen Vorgesetzten, den er tief verehrte, zu suchen. Erst als er schon eine erhebliche Strecke Weges vom Regiment entfernt war, wurde man auf ihn aufmerksam. Trotz allem Rufen schritt der Leutnant rüstig fürbaß.

Old Crow sah den jungen Offizier ebenfalls näher kommen. Bedächtig hob er das Gewehr in Anschlag.

Da trat Stumpfes Messer hinzu, drückte den Lauf hinunter und sprach:

„Auch ein Hundekrieger weiß die Tapferkeit des Feindes zu achten. Mein Bruder mag warten, bis er weiß, was der junge Blaurock beabsichtigt."

Fitzgerald ahnte die hinter den Brustwehren hervorspähenden Augen der Indianer. Er wußte, daß hinter jeder Ritze ein Gewehrlauf lauerte und seinen Bewegungen folgte. Aber er kümmerte sich nicht darum und tat, was ihm sein Gewissen und sein Ehrgefühl befahlen. Bald hatte er den schwerverwundeten Obersten gefunden. Mit einiger Anstrengung gelang es ihm, den willenlosen Körper auf die Schultern zu laden. Heil und unangefochten kehrte er wieder zum Regiment zurück.

Während die Offiziere noch berieten, was jetzt zu tun sei, brachen die Cheyenne, wie immer, ihr Lager ab und verschwanden in nördlicher Richtung. Weiter ging der Ritt dieses Gespensterzuges. Tag und Nacht, ohne Ruhe, ohne bleibende Rast. Manchmal stießen sie auf Soldaten, — dann kam es zu einem kurzen Gefecht, das stets mit einem Erfolg der Indianer endete. Hin und wieder begegneten sie einer Ranch, stahlen bei solchen Gelegenheiten etwa ein oder zwei Kühe, um sie später zu schlachten. Einmal fügte es der Große Geist, daß vor ihnen die Pferdeherde eines wohlhabenden Ranchers auftauchte. Flugs wurde sie umzingelt. Die erschrockenen Hirten suchten das Weite und eilten, um Hilfe zu suchen. Als sie nach Stunden in gewaltiger Uebermacht wieder auftauchten, waren die Indianer und mit ihnen auch die Pferde, längst verschwunden. Immerhin hatten sie als Entgelt und zu ihrer Entlastung die brandmageren Ponies zurückgelassen …

Von allen Seiten marschierten Truppen und machten Jagd auf die Cheyenne. Aber diese ritten ihren geraden Weg, der sie nach den verlorenen Jagdgründen führen sollte.

Dreihundert gegen Dreizehntausend

«Die Cheyenne wußten es nicht, — aber damals haben sie mit jedem Schritt Geschichte geschrieben.»

Aus einem zeitgenössischen Bericht.

Seitdem die Indianer aus der Reservation in Darlington ausgebrochen waren, hatte John D. Miles keine ruhige Stunde mehr erlebt. Nicht nur der bärbeißige Säbelrassler Mizner, sondern auch sämtliche Amtsstellen, denen er verantwortlich war, oder sonst mit ihnen zu tun hatte, sahen in ihm den einzigen Schuldigen an diesem Zwischenfall. Er kam nicht aus dem Rapporteschreiben heraus, verfaßte Rechenschaftsberichte und Verteidigungsschriften, hatte Verhöre über sich ergehen zu lassen und erhielt zuletzt, — um das Maß des Verdrusses für ihn noch voll zu machen, — den Besuch einiger Journalisten. Das war anfangs November des Jahres 1878 und zu einer Zeit, als alle Zeitungen in den Vereinigten Staaten, sehr zum Mißvergnügen General Sherman's, in großen Lettern sich über die erfolglose Jagd der Truppen nach den Cheyenne ergötzten.

John D. Miles, dessen Nerven sehr gelitten hatten, hielt mit seiner Meinung über das Versagen der Regierungsstellen nicht zurück. Er bewies den Zeitungsschreibern an Hand seiner Bücher und seiner geführten Korrespondenzen, daß nicht er allein der Schuldige war. Die Cheyenne erkrankten an Malaria. Er hatte wiederholt um Chinin und andere Medikamente geschrieben, aber trotz allen Zusicherungen nie etwas erhalten. Die Cheyenne froren im Winter. Man hatte dem Agenten auf sein dringendes Ersuchen Decken versprochen, aber sie waren nie eingetroffen. Die Cheyenne litten bitteren Hunger. Miles legte ein dickes Bündel Briefabschriften vor, das den Journalisten schwarz auf weiß bestätigte, daß der Agent trotz seinen Forderungen stets zuwenig Lebensmittel erhalten hatte. Während ihrer Anwesenheit in Darlington hätten die Cheyenne — vertraglich zugesichert — Anrecht gehabt auf folgende Mengen Lebensmittel:

30'000 Pfund Speck
35'000 Pfund Kaffee
70'000 Pfund Zucker
340'000 Pfund Mehl
700'000 Pfund Fleisch usf.

Von diesen Lebensmitteln war nie ein Gramm geliefert worden. Die Journalisten staunten und gaben ihrer Entrüstung über diese liederliche Verwaltung lebhaften Ausdruck. Bevor Miles die Vertreter der Zeitungen verabschiedete, gab er ihnen noch folgende Worte mit auf den Weg:

„Die Militärs und die Herren in der Indianerverwaltung zu Washington haben mich als den einzig Schuldigen an diesem Zwischenfall bezeichnet. In Wahrheit aber bin ich der Sündenbock für ihr eigenes Versagen. Ich weiß, daß meines Bleibens in Darlington nicht mehr lange sein wird. Sorgen Sie mit Ihren Federn dafür, daß mein Nachfolger nicht mit den gleichen Schwierigkeiten zu kämpfen hat und an ihnen scheitern muß, wie ich."

*

Der November war ins Land gezogen. Kalte Windstöße fegten über die Prärien und kündigten den nahen Winter an. Länger als zwölf Wochen dauerte schon das Kesseltreiben der dreizehntausend gut bewaffneten und ausgerüsteten Soldaten gegen die dreihundert armseligen „Dog soldiers". Immer wieder war es Stumpfem Messer und Kleinem Wolf gelungen, sich der drohenden Umzingelung zu entziehen und die nachstoßenden Truppen ins Leere tappen zu lassen. Kein Wunder, daß General Crook tagtäglich mit bitterböser Miene herumstiefelte. Aus den „zwei bis drei Tagen", in denen er die Roten zur Strecke bringen wollte, waren bald deren hundert geworden. Wer den Schaden hat, braucht für den Spott nicht zu sorgen, denn die Zeitungen überschütteten ihn und die gesamte Armee mit Hohn und ätzender Kritik. Außerdem machte ihm ein Gallenleiden arg zu schaffen. Wahrhaftig, es war nicht mehr gemütlich um den General „Graubart" herum.

Wenige Tage nach Colonel Lewis' schmählicher Niederlage, erschien Captain Wint mit seinen völlig erschöpften Kompanien in Fort Wallace. Für eine einzige Nacht durften Offiziere und Soldaten die Wohltat eines Bettes genießen. Aber schon beim ersten Morgengrauen gab es wieder Tagwache. Munition und Proviant wurden gefaßt, dann ging die Jagd mit unverminderter Geschwindigkeit weiter. Gegen Abend des gleichen Tages stießen sie zum x-ten Male auf die Cheyenne. Ein harter Kampf entbrannte. Hüben und drüben zählte man Tote und Verwundete. Doch Kleiner Wolf löste sich vom Gegner und verschwand im Dunkel der Nacht.

*

Länger durfte und konnte dieses Katze-und-Maus-Spiel nicht mehr andauern. General Crook war entschlossen, unter allen Umständen „reinen Tisch" zu machen. Er wußte, daß die Cheyenne sich immer noch innerhalb seines Kreises befanden, und daß dieser Kreis sich wie eine Würgeschlinge enger und enger um die Indianer schloß. Wohl war er mit seinen Verlautbarungen sparsamer und vorsichtiger geworden, aber nun glaubte er Grund zum Frohlocken zu haben. Der Cheyenne wurden stets weniger. In jedem Treffen verloren sie Krieger. Tapfere Frauen nahmen die Plätze der Gefallenen ein und wehrten sich mit dem Mute der Verzweiflung. Doch, wie sollte dieses verlorene Häuflein auf die Dauer dem wie eine gewitterschwangere Wolke nahenden Verhängnis standhalten können? Allenthalben trieben sich Pawneespäher herum. Auf jedem Hügel blinkten die Nachrichtenübermittlungsstationen. Alle Straßen waren gesperrt und scharf bewacht. Das nordwestliche Kansas starrte von Truppen.

Wieder einmal telegraphierte General Sherman an Crook, zu welchem Zeitpunkt man die Vernichtung der Cheyenne erwarten könne. Der Oberbefehlshaber, etwas zuversichtlicher gestimmt, prüfte sorgfältig alle getroffenen Maßnahmen und kabelte zurück, daß man innerhalb einer Woche bestimmt mit dem Ende der Aktionen rechnen dürfe.

Nun, Stumpfes Messer und Kleiner Wolf waren Indianer, und mit dem ihnen eigenen Spürsinn tasteten sie den eisernen, waffengespickten Ring ab, der sie zu erwürgen drohte. Wirklich fanden sie auch eine dünne Stelle. Ein kurzes Gefecht, einige Schüsse und Schreie, und die Cheyenne waren wie vom Erdboden verschwunden. Kurze Zeit später stieß Wints Truppe auf eine von Norden her anmarschierende Kolonne. Erst jetzt wußte man, daß das rote Wild knapp vor dem Zuschnappen der Falle entwischt war. Crook bekam einen heftigen Gallensteinanfall und tobte. Sheridan raufte sich den Bart und tobte. Sherman zerriß das Telegramm in tausend Fetzen und tobte. Aber alle diese Zornesausbrüche halfen nicht, die Indianer wieder sichtbar zu machen.

Von neuem wurde auf der Landkarte ein Kreis gezogen. Diesmal griff die Linie schon tief nach Nebraska hinein. Die dort bereit stehenden Reserveregimenter wurden aufgeboten, um die Front längs der Bahnlinie Sidney-Ogallala-North Platte zu sperren. Je ein verstärktes Regiment gruppierte sich bei den Städten Sidney und North Platte, so die Ost-West-Verbindung abriegelnd. Auf diese Weise bildeten die Truppen einen mächtigen Sack, dessen südliches Teilstück offen war. Und nach dieser Oeffnung bewegten sich sämtliche Regimenter südwärts der Union-Pacific-Bahnlinie, um die Cheyenne von neuem in eine noch bessere, noch dichter schließende Falle hinein zu stoßen. Crook tat noch ein übriges. Er ließ die hundertfünfzig Meilen lange Bahnstrecke ebenfalls mit starken Truppenmassen besetzen und zwar so dicht, daß nach seinen Worten „keine Maus mehr aus diesem gigantischen Sack schlüpfen konnte". Das Teilstück Sidney-Ogallala-North Platte war für jeden zivilen Zugsverkehr gesperrt. Mit Soldaten belegte und mit Artillerie bestückte, gepanzerte Züge patrouillierten Tag und Nacht auf den Schienen. In allen Städten und Dörfern beidseits der Strecke lagen starke Kavallerieabteilungen, deren besondere Aufgabe darin bestand, die Nahtstellen zwischen den Regimentern zu stopfen. Ueberall dort, wo das Gelände ein allfälliges Durchschlüpfen zu ermöglichen schien, wurde Artillerie postiert. Sämtliche Truppenkommandanten standen unter sich und mit Crooks Hauptquartier in telegraphischer Verbindung.

An und für sich war das Gebiet beidseits der Bahnlinie dicht besiedelt. Gute Straßen zogen sich nach allen vier Windrichtungen. Die Zivilbevölkerung, von den vielen schauerlichen Gerüchten über angebliche Mordbrennereien der Indianer erregt, ließ den Soldaten jede nur mögliche Unterstützung angedeihen; trug aber anderseits auch viel zur allgemeinen Unruhe und Unsicherheit bei. Immer wieder erhielten die Kommandanten Meldungen, da und dort habe man die Cheyenne gesichtet. Die bedauernswerten Truppen wurden auf die Dauer so oft und stets vergeblich alarmiert und in Marsch gesetzt, daß sie schon nach kurzer Zeit ermüdeten und abstumpften.

Tatsache war, daß weder Crook, noch irgendwer, der die blaue Uniform der Unionstruppen trug, mit Sicherheit wußte, wo sich die Roten befanden. Zuletzt hatte sich Wint mit ihnen herumgeschlagen, aber wieder einmal ihre Spur aus den Augen verloren. Seither blieben sie verschollen. Weder die Adleraugen der Pawnees, noch die Feldstecher der Offiziere konnten sie entdecken.

Als sich die beinahe unerträgliche Spannung unter den Truppen bis zum Siedepunkt steigerte, als sich die Gerüchte und falschen Alarme jagten und Offiziere und Soldaten immer gereizter wurden, erhielt Crook endlich die erste zuverlässige Meldung aus Sidney und zwar vom dort kommandierenden Major Thornberg. Die Nachricht lautete: „Wir glauben zu wissen, daß die Cheyenne morgen versuchen werden, bei Sidney den Platte-River zu überschreiten." Unverzüglich ließ Crook Thornbergs Meldung an sämtliche Truppen weitergeben. Aller Augen waren — bildlich gesprochen! — nach Sidney gerichtet, wo Thornberg höchste Alarmbereitschaft befohlen hatte.

Diese Nachricht bewahrheitete sich insofern, als die Cheyenne tatsächlich in der Nacht vor dem genannten Tage, Fluß und Bahnlinie überschritten, aber nicht bei Sidney und auch nicht bei North Platte, wo man ebenfalls in höchster Spannung lauerte, weil Crook — mißtrauisch aus Erfahrung — hinter dieser Meldung eine Finte witterte, um die Aufmerksamkeit von North Platte abzuwenden, sondern genau in der Mitte, in nächster Nähe von Ogallala! Anderntags stießen nämlich Kavalleriepatrouillen auf Spuren, die erkennen ließen, daß die Indianer in allernächster Nähe eines starken Postens die Sperrlinie durchbrochen hatten. Trotzdem die Wachtfeuer so hoch loderten wie nie zuvor, haben weder die Soldaten, noch sonst irgendwer, die Cheyenne gesehen. Sie mußten, — anders war es nicht erklärlich — in weit auseinandergezogener Linie und in Gruppen zu zweien und dreien zwischen den vielen Wachtposten hindurchgeschlüpft sein. Später vereinigten sie sich wieder und „tauchten" von neuem unter.

Als diese Botschaft in Crooks Hauptquartier eintraf, schien sie dem Nachrichtenoffizier so unwahrscheinlich, daß er zweimal um Bestätigung bat, ehe er sie entgegennahm. Als man sie Crook überbrachte, weigerte sich dieser rundweg, diesen „Unsinn" zu glauben. Zuletzt mußte sich der General doch vor dieser bitteren Wahrheit beugen. Was nützte es ihm, daß er in der ersten Raserei ob diesem Mißgeschick, die gesamte, um Ogallala postierte Kavallerieeinheit strafweise versetzen ließ und den armen Major Thornberg in Sidney mit wütenden Vorwürfen überhäufte? Deswegen kamen die Cheyenne doch nicht wieder zum Vorschein! Ein unbekannter Missionar hat damals die richtigen Worte gefunden: „Wieder einmal hat Heimatliebe über rohe Machtentfaltung triumphiert."

Die Spur geht verloren

«Den heißen Trieb, vom Feinde, dem verhaßten,
Dort, fort zu fliehn mit wilden Fluchesklängen,
Kann nur der müde Schlaf zu kurzen Rasten
Aus ihren Gliedern alsgemach verdrängen.»

Nicolaus Lenau, «DER INDIANERZUG».

Captain Wints Leute unterschieden sich in ihrem Aeußeren kaum mehr von den Indianern. Wie diesen, hingen auch ihnen die Kleider in Fetzen am Leibe. Ihre Körper waren von den ungeheuren Anstrengungen geschwächt. Ihre Reittiere boten einen bemitleidenswerten Anblick, und wer dieser Truppe begegnete, mußte sich wundern, daß sie in solchem Zustande überhaupt noch kampffähig war. Aber Wint und seine Mannen aus Fort Reno besaßen eine Willenskraft, die im umgekehrten Verhältnis zu ihrem Aussehen stand. Sie als einzige hielten die Spur und ließen sich nicht abschütteln. Captain Trask und Bat Masterson's Bürgerwehr waren schon vor langer Zeit wieder nach Fort Dodge zurückgekehrt, und Captain Sedbergs „Maulesel-Kavallerie" hatten sie überhaupt nie getroffen. An der genau gleichen Stelle, wie vor ihm die Cheyenne, passierte Wint den Platte-River und die Union Pacific-Bahnlinie. Jenseits des Flusses ging die Prärie zu Ende. Es begann das wüste, verzweifelt eintönige und wasserarme Gebiet der Sand Hills (Sandhügel), auf denen weder Gras, noch Baum und Strauch gediehen. Es schien Wint, als ob selbst die Natur ihm die Fortsetzung dieser erbarmungslosen Jagd verbieten wollte. Aber die Reno-Soldaten bissen auf die Zähne und scherten sich einen Teufel um das, was an Schwerem vor ihnen lag. Während vier Monaten ununterbrochener, härtester Anstrengungen, die ihren Anfang unter der höllischen Gluthitze nahmen, hatten sie gekämpft, geritten und gelitten. Sie hatten Tote und Verwundete verloren. Jetzt fauchten ihnen bitter kalte Novemberstürme entgegen, — Vorboten des nahen Winters, und bald würden sie auch noch die grimmige Kälte des Nordens kennen lernen. Schnee und Eis und frostklirrende Wolfsnächte warteten auf sie. Verdammt! Schließlich mußten auch die Roten unter den gleichen Bedingungen leben und überhaupt, — einmal mußte doch dieser Zug ein Ende nehmen. Ein wahres Wunder, daß die Indianer die Kraft besaßen, so lange auszuhalten. Aber, was diesen möglich war, durfte auch einem Soldaten nicht zuviel sein. Also folgten sie ihrem Captain, und wenn er sie geradewegs in die Hölle geführt hätte. Go ahead!

*

Sie waren schon weit in die Sandhügel vorgedrungen, als sie eines Vormittags mit den Soldaten Major Thornbergs zusammentrafen. Die Truppen aus Sidney schienen frisch und gut genährt. Mit warmen Kleidern waren sie vorzüglich ausgestattet. Im Vergleich zu ihnen sahen Wints Männer wie hohle Gespenster aus. Thornberg glühte vor Begierde, sich an den Indianern für die Vorwürfe Crooks schadlos zu halten. Nach einer kurzen Beratung einigten sich die beiden Kommandanten, ihre Kolonnen zu vereinigen und gemeinsam die Verfolgung der „Dog soldiers" aufzunehmen. Rund siebenhundert Mann stocherten nun in dieser unübersichtlichen Sandwüste herum, stets in Erwartung, unversehens auf die Cheyenne zu stoßen. Damit hatte es aber noch seine gute Weile, denn anderntags machten sie die ebenso überraschende, wie höchst peinliche Entdeckung, daß die Spuren der Indianer plötzlich nach zwei verschiedenen Richtungen auseinanderstrebten. Die Offiziere wurden nicht klug daraus und fanden keine Erklärung dafür. Wint schien es unwahrscheinlich, daß sich der Stamm getrennt haben könnte. Vielmehr befürchtete er eine List, um die Verfolger aufzuhalten und vom richtigen Weg abzulenken. Die eine Spur führte weiterhin nach Norden, während die andere in westlicher Richtung abzweigte. Captain Wint kratzte sich am Kinn und meinte:

„Tja, Kamerad, das ist eine verzwickte Angelegenheit. Schätze, daß die beiden Spuren nach und nach wieder zusammenkommen. Aber sicher bin ich nicht. Ist 'ne verteufelte Sache. Kann mir zwar nicht vorstellen, daß Stumpfes Messer und Kleiner Wolf untereinander Streit bekommen haben. Aber man weiß ja bei diesen Wilden nie, was in der nächsten halben Stunde geschieht. Denken und handeln anders als wir, die ‚Dog soldiers', Kamerad. Werde nicht klug aus ihnen."

Thornberg, sonst eher ein unzugänglicher und sehr auf die Beachtung der Rangunterschiede bedachter Herr, nahm Wint die vertrauliche Anrede und die ungezwungene Sprache nicht übel. Er schätzte den abgezehrten, von Sonne und Wind ausgetrockneten und überdies noch sehr unvorschriftsmäßig gekleideten Captain, der da wie ein Don Quichotte aus dem fernen Oklahoma geritten kam, und der Spur eines Feindes folgte, — eines Feindes, der bis jetzt der größten Truppenmacht, die in Amerika je einmal gegen Indianer eingesetzt wurde, erfolgreich die Stirne geboten hatte. Er konnte die ungeheure Leistung Wints ermessen und er fühlte sich, zu seiner eigenen Ueberraschung beinahe geschmeichelt, von diesem Captain mit Kamerad angesprochen zu werden.

„Seht", fuhr Wint fort zu erklären, „seht, Kamerad, hier sind noch die Anzeichen eines Lagerfeuers zu erkennen. Ist noch gar nicht solange her, daß die Roten gerastet haben. Dürften hier über Nacht geblieben sein. Tja, Kamerad", er lächelte dünn, „tut mir leid, es sagen zu müssen, tut mir wirklich leid, aber ich möchte Ihnen empfehlen, daß wir uns hier wieder trennen. Ihr Einverständnis vorausgesetzt, verfolge ich die Spur nach Norden, während Sie sich an die westliche halten. Wer weiß, vielleicht treffen wir wieder zusammen?"

Thornberg konnte sich diesen Gedankengängen nicht verschließen, und so verabschiedeten sie sich, ein jeder dem andern gute Jagd wünschend.

*

Des Majors Zug stand unter einem Unstern. Immer tiefer geriet er in die unwirtliche Sandwüste hinein. Der scharfe, bissige Nordwind drang den Männern durch Mark und Bein. Gleich Meereswellen wanderte der feine Sand vorwärts, getrieben und aufgewirbelt von den heftigen Windstößen. Dieser Sand machte Menschen und Tieren schwer zu schaffen. Er entzündete die Augen, verstopfte Ohren und Nasen, machte die Lebensmittel ungenießbar und — das war bei weitem das Schlimmste! — er verwischte die Spuren.

Thornberg war aber nicht so leicht in die Knie zu zwingen. Grimmig ritt er vorwärts, achtete auf das kleinste Anzeichen, auf die geringste Andeutung. Er wollte und er mußte die Indianer finden. Schließlich ging die Fährte ganz verloren. Tags darauf war der Wasservorrat aufgebraucht. Stundenlang suchten die Männer verzweifelt nach Quellen, — erfolglos! Zum Sand und zum Hunger gesellte sich jetzt noch der Durst, und bald einmal sah die einst so frische und tatendurstige Truppe ebenso heruntergekommen aus, wie Wint's Soldaten, —

mit dem allerdings schwerwiegenden Unterschied, daß die Moral der Thornberg'schen Kolonne auf einen bedenklichen Tiefstand gesunken war.

Ziellos irrte sie in den Sand Hills herum. Selbst Thornberg machte sich langsam mit dem bitteren Gedanken vertraut, die Suche aufzugeben und wieder nach Sidney zurückzukehren. Spät nachmittags stießen sie endlich auf ein Wasserloch. Ehe Thornberg es verhindern konnte, stürzten sich die Männer auf das ersehnte Naß und tranken in vollen Zügen. Auch die Pferde drängten sich heran und kamen, nachdem die Menschen ihren Durst gestillt hatten, zu ihrem Recht. Der Major ließ, im Hinblick auf die vorgerückte Zeit, biwakieren.

Mitten in stockdunkler Nacht gab es unter den Pferden plötzlich Unruhe. Einige Tiere wälzten sich am Boden und verendeten kurz darauf. Bleicher Schrecken erfaßte die Soldaten, denn viele von ihnen litten an starken Bauchschmerzen. Der Arzt schob die Ursache dem Wasser zu, das jedenfalls bereits brackig gewesen und auch durch den reichen Salzgehalt des Bodens verdorben war.

Thornberg sah ein, daß er an eine weitere Verfolgung nicht mehr denken konnte. Die erkrankten Soldaten, mehr als ein Drittel des Bestandes, wurden auf behelfsmäßig hergestellte Bahren gelegt. Langsam marschierte die Kolonne südwärts, Sidney entgegen. Nach Ueberwindung vieler Mühsale erreichte sie endlich den North

Fork, der das Ende der unheimlichen Sand Hills anzeigte. Fast die Hälfte des Tierbestandes war eingegangen und eine Reihe Männer gestorben, — ohne, daß die Truppe auch nur einen einzigen Indianer gesehen hatte.

*

Captain Wint war anfänglich gut vorwärts gekommen. Wohl hatten auch sie die gleichen Strapazen zu erdulden wie Thornberg. Auch ihnen setzte der Sand zu. Hunger und Durst zehrten an den Kräften. Aber die Reno-Soldaten waren doch abgehärteter als ihre Kameraden aus Sidney. Ohne Verluste durchquerten sie die Sand Hills und erreichten das Gebiet von South Dakota. Dort überraschte sie der Winter. Schneestürme und schneidende Kälte setzten ihrer Jagd unvermittelt ein Ende. Ohne die Cheyenne gefunden zu haben, führte Wint seine Truppe in das nächst erreichbare Fort. Dort erhielt er Weisung, wieder nach Reno zurückzukehren.

Diese erfolglose, unendlich lange und an bitteren Ereignissen reiche Irrfahrt war zu Ende. Treu und mit voller Hingabe hatten Wint und seine Männer ihrer militärischen Pflicht genügt. Es blieb ihnen versagt, ihr einzigartiges Unternehmen mit der Vernichtung der Cheyenne zu krönen. Die Ursache lag wohl kaum bei ihnen, sowenig wie bei Trask, Sedberg, Masterson, Lewis, Thornberg und wie sie alle heißen mochten. Nein, die mußte anderswo gesucht werden und zwar bei den Indianern. Was die Truppe litt, litten die Cheyenne doppelt. Was die Truppe entbehrte, entbehrten auch die Roten. Aber in einem waren sie ihren weißen Verfolgern überlegen: im Willen, die verlorene Heimat zu finden! Diesem Willen hatten sie alles unterordnet, und sie waren bereit, für ihr Ziel zu kämpfen und zu sterben.

Ohne Ruhm, ohne Anerkennung kehrte Wint nach Reno zurück. Und jetzt, da er die Spur der „Dog soldiers" endgültig verloren, spürte er auch die Folgen dieses Feldzuges. Er erkrankte schwer und erholte sich erst nach langen Wochen wieder halbwegs. Sein Name sank zurück in die Vergessenheit eines trostlosen Garnisondaseins auf einem Fort an der südwestlichen Grenze. Er war abgeschrieben, erledigt, ausgelöscht, denn ihm blieb der erwartete Erfolg versagt.

*

Die Episode Wint hatte ihr ruhmloses Ende gefunden. Aber immer noch waren die Cheyenne frei. In General Crooks Hauptquartier wußte man lediglich, daß der größere Teil der Indianer sich in den Sand Hills verborgen hielt, und daß die kleinere Abteilung von einem einsam streifenden Jäger in den Black Hills gesichtet worden war. Aber man wußte nicht, wie die Anführer der beiden Banden hießen und ebensowenig, warum sich die „Dog soldiers" überhaupt getrennt hatten. Crook gab Befehl, die bis in die Black Hills vorgedrungenen Indianer vorläufig unbehelligt zu lassen, dafür aber die Suchaktion in Nebraska zu verstärken.

Massen gut ausgerüsteter Soldaten ergossen sich von allen Seiten in die Sand Hills. Die sonst so verlassene Einöde widerhallte von Hufschlägen, dem Tritt marschierender Infanteriekolonnen und dem Rasseln der Schnellfeuergeschütze. So eifrig hingegen die Soldaten und die ihnen zugeteilten Pawneespäher auch suchen mochten, — sie fanden die wie vom Erdboden verschwundenen Cheyenne nicht. „Keine Spur von den Indianern", hieß die tägliche Meldung auf Crooks Schreibtisch. Man gewöhnte sich langsam an diesen Bericht und mit der Zeit wäre sogar der Oberbefehlshaber höchlich verwundert gewesen, hätte er einmal etwas anderes vorgefunden, als diese trockenen fünf Worte. Alsgemach trug er sich mit der Absicht, General Sherman zu beantragen, die Suchaktion zu beenden, und die Cheyenne endgültig als verschollen erklären zu lassen. Die ganze Geschichte hatte ohnehin schon viele Menschenleben und wohl auch einige Hunderttausend Dollar gekostet. Diese armseligen Rothäute schienen ihm auf die Dauer weder das eine noch das andere wert zu sein ...

Die Trennung

«Der graue Führer nur verdammt den Schlummer
Und einer noch der Ältesten vom Stamme;
Sie sprechen lange noch von ihrem Kummer,
Von Zeit zu Zeit nachschauend an der Flamme.»

Nicolaus Lenau, «DER INDIANERZUG».

Häuptling Stumpfes Messer schaute nach rückwärts. Dann hielt er die Hand hoch.

„Laßt uns hier rasten, meine Brüder!"

Sein eingefallenes, von vielen Falten durchzogenes Gesicht offenbarte die unerhörten Anstrengungen, die er und sein Volk in den letzten Monaten überwinden mußten.

„Laßt uns rasten", wiederholte er, „und ein Ratsfeuer entfachen, damit wir uns schlüssig werden, was weiter zu tun ist."

Mühsam stieg der alte Häuptling vom Pferde. Die unermeßlich lange Reise und die vielen Kämpfe hatten ihm schwer zugesetzt. Heiße Fieberanfälle durchglühten seinen geschwächten Körper. Eine tiefe Mutlosigkeit verdüsterte sein Gemüt. Er war am Ende seiner Kraft und wünschte nichts weiteres mehr, als in Ruhe und

Frieden dem nahen Tode entgegenzusehen. Oh, er spürte es in seinem Innern: Für Stumpfes Messer war es an der Zeit, den Sterbegesang anzustimmen und sich für die Ewigen Jagdgründe vorzubereiten.

Ein jüngerer Krieger nahte sich ihm ehrerbietig, ergriff die Zügel des Pferdes und führte das Tier mit anderen in eine vom rauhen Nordwind etwas geschützte Senke. Andere Männer schleppten Holz herbei und entfachten neben dem Häuptling ein Feuer. Eine Decke wurde ausgebreitet. Stumpfes Messer setzte sich, stopfte sein Kalumet und begann zu rauchen. Mit glanzlosen Augen folgte er den Bewegungen der Männer und Frauen, die sich anschickten, die Tipis aufzustellen und das Lager für die Verteidigung einzurichten. Trauer erfüllte sein Herz ob der Hinfälligkeit seiner tapferen Krieger.

„Oh, Großer Geist", betete er mit zitternder Stimme, „ein Häuptling steht an der Schwelle des Todes. Bevor er die Augen für immer schließt, gewähre ihm noch eine Bitte. Schwer, unendlich schwer hast du das Volk der Cheyenne geprüft. Groß war das Maß der Entbehrungen, die du uns auferlegtest. Gib, daß diese Männer, Frauen und Kinder jetzt in Ruhe und Frieden leben können. Sorge dafür, daß ihre Kochtöpfe mit Fleisch und Mais gefüllt bleiben. Lenke die Schritte der Blauröcke von ihnen weg. Nicht für sich bittet Stumpfes Messer, sondern für seine Brüder und Schwestern."

Sein Gebet endete in leisem, schwermütigem Singsang. Der Häuptling beklagte das traurige Los der Hundekrieger, die Schwäche ihrer einst so zähen Frauen und die Not und das Elend der Kinder.

Neue Fieberanfälle ließen ihn erschauern. Er legte das Kalumet weg und stützte den Kopf auf die angezogenen Knie.

Eine junge Squaw von ebenmäßigem Wuchse und hübschem Aussehen trat zum Häuptling. Lange blickte sie mit tränenumflorten Augen auf die zusammengekauerte Gestalt. Dann beugte sie sich hinunter, umarmte mit liebevoller Gebärde den trauernden Greis und lehnte zärtlich ihr Gesicht an seine schmalen Schultern.

„Mein Vater", flüsterte Raschelnde Blätter, „mein Vater, bald wird der Pfad ein Ende haben. Nicht mehr weit sind die Jagdgründe der Cheyenne."

Stumpfes Messer richtete sich auf und blickte in die dunklen Augen seiner Tochter, die ihn besorgt und doch zuversichtlich anstrahlten. Er tastete nach ihrer Hand. „Raschelnde Blätter ist mutig. Ich bin stolz auf sie."

Kleiner Wolf schritt zum Feuer und setzte sich dem Häuptling gegenüber. Nach und nach erschienen auch die anderen Krieger, bis der Kreis geschlossen war. Stumm starrten die Männer in die züngelnden Flammen. Behutsam löste sich die Tochter von ihrem Vater und verließ die Runde.

Von neuem setzte Stumpfes Messer die Pfeife in

Brand. Er reichte sie dem ihm am nächsten sitzenden Krieger und nachdem jeder die vorgeschriebenen Züge getan, begann der alte Häuptling zu sprechen.

„Meine Brüder! Lang ist der Pfad gewesen, der uns von Dar-ling-to-on bis hieher geführt hat. Am Anfang dörrte die Sonne unsere Leiber, und jetzt macht uns der kalte Wind aus Norden erschauern. Der Pfad ist gezeichnet von unseren Toten. Brüder, Schwestern und Kinder haben wir zurücklassen müssen. Von überall sind die Blauröcke ausgezogen, um die Hundekrieger zu bekämpfen, um ihnen den Pfad nach der Heimat zu sperren. Aber der Große Geist hielt seine mächtige Hand schützend über die roten Kinder, und es hat ihm gefallen, sie in dieses Gebiet zu führen. Meine Brüder haben nicht vergessen, wie wir vor vielen Wintern, als noch keine Bleichgesichter uns das Land streitig machten, auf unseren Jagdzügen oft in die Sandhügel geritten sind. Mag Wild Hog sich noch des Bären erinnern, den er hier mit bloßem Messer angriff und zur Strecke brachte?"

Stolz neigte der Angesprochene sein Haupt.

„Ho, Stumpfes Messer hat richtig gesprochen. Aber damals war Wild Hog noch kräftig, und seine Arme strotzten vor Muskeln."

„Und du, Old Crow! Von dir erzählte man sich, wie du auf einem Kriegszug gegen die Pawnees, hier in diesen Hügeln, dein Pferd verloren hast. Es strauchelte und brach sich das Genick. Du bist zu Fuß und allein in das Lager der Feinde gegangen und hast mit deiner eisernen Faust sechs Pawneehunde getötet."

Der grimmige Kämpe lächelte. „Ho, mein Häuptling hat ein gutes Gedächtnis. Jetzt noch dörren die Pawneeskalpe im Rauch meines Tipis."

„Es ist unser Land hier, meine Brüder", fuhr Stumpfes Messer fort, „kein weißer Mann mag in diesen Sandhügeln sein festes Haus bauen. Keine Sprechenden Drähte und kein Eiserner Weg spannt sich darüber. Das Bleichgesicht glaubt, das Land sei schlecht. Aber die Cheyenne wissen, wo es süßes Wasser gibt, wo der Hirsch seinen Wechsel hat und wo der Büffel den salzigen Boden leckt."

Die Zuhörer nickten. Ihre Mienen drückten Zustimmung aus.

„Wohl werden die Blauröcke wissen, daß wir in den Sandhügeln sind. Aber sie werden sich hüten, dieses Land zu betreten. Sie fürchten seine Einöde. Zudem, bald wird Schnee fallen. Frost wird kommen. — Stumpfes Messer glaubt nicht, daß die Bleichgesichter uns weiter verfolgen werden."

Der Häuptling schöpfte Atem.

„Meine Brüder, wir sind müde. Unsere Frauen und Kinder bedürfen der Ruhe. Laßt uns hier auf den Frühling warten. Wenn der Schnee schmilzt, wenn die kalten Winde sich wieder ins Eisland zurückziehen, werden wir den Pfad von neuem aufnehmen. — Stumpfes Messer hat gesprochen."

Leise knisterte das Feuer. Schwer und grau hing der Nebel über den Hügeln. Die Krieger hüllten sich fröstelnd in ihre zerschlissenen Decken und dachten über die Worte ihres alten Führers nach. Nur das Bellen eines Hundes durchbrach hin und wieder die düstere Stille.

Endlich erhob sich Kleiner Wolf. Lange ruhten seine Augen auf der zusammengesunkenen Gestalt des kranken Häuptlings. Mitleid und Enttäuschung zeigten sich auf seinem scharf geschnittenen Gesicht. Aber seine Stimme verriet feste Entschlossenheit, als er sprach.

„Meine Brüder haben den Rat Stumpfen Messers vernommen. Kleiner Wolf hat darüber nachgedacht und eine andere Meinung bekommen. Der Häuptling kennt die Blauröcke schlecht, wenn er glaubt, sie würden uns in den Sandhügeln überwintern lassen. — Die Bleichgesichter kennen dem roten Mann gegenüber keine Gnade. Sie werden auch die Hundekrieger nicht in Frieden lassen, — jetzt nicht und morgen nicht, — solange sie hoffen, ihrer habhaft zu werden. Sie halten unsere Spur, Cheyenne! Sie verfolgen uns, wie hungrige Wölfe den Büffel verfolgen. Die Blauröcke werden nicht ruhen und nicht rasten, bis der letzte Hundekrieger entweder tot, oder in ihrer Gefangenschaft ist."

Mit gespannter Aufmerksamkeit folgten die Zuhörer

dem Redner. Kleiner Wolf hob beschwörend seine Hand.

„Hat Stumpfes Messer vergessen, wie die Soldaten in froststarrer Winternacht das Lager der Cheyenne am Hole-in-the-Wall überfallen haben? Erinnert er sich nicht mehr an Häuptling Amerikanisches Pferd von den Oglala, der sich nach dem Tode General Langhaars[1] in seinem Versteck sicher wähnte und trotzdem den Tod fand? Und noch etwas, meine Brüder: Ihr habt alle gesehen, damals in Dar-ling-to-on, wie drei junge, unbesonnene Krieger, Schwarzes Pferd, Schneller Fuchs und Luchs, in jähem Zorn ihren Stamm verlassen haben. Kleiner Wolf hat von einem verwundeten Blaurock erfahren, daß berittene Bleichgesichter diese Jünglinge gefangen nahmen und später am Halse aufhängen ließen. Und nur darum, weil sie ihre müden Ponies gegen drei frische Pferde eintauschen wollten!"

„Hann-h", stöhnten die Krieger vor Schmerz und Wut.

„So ist das Bleichgesicht, Cheyenne, und deshalb dürfen wir dem gutgemeinten Rate Stumpfen Messers nicht gehorchen. Er bringt uns den Tod! Kleiner Wolf wird weiter ziehen bis in die Black Hills oder sogar bis nach

1) Häuptling Amerikanisches Pferd wurde nach der Schlacht am Little Big Horn-River (25. Juni 1876) durch die ihn verfolgenden Truppen getötet. Die Indianer nannten General Custer, der in dieser Schlacht sein Leben verlor, «Langhaar». Nähere Einzelheiten s. Band I und II dieser Serie.

Ka-na-da, ins Land der Großmutter[1], wo auch Tatanka Yotanka, der Häuptling der Hunkpapa[2], eine neue Heimat gefunden hat. Ich habe gesprochen!"

Hin und her wogte jetzt der Streit der Meinungen. Gemessen oder leidenschaftlich nahmen die Krieger zu den beiden Vorschlägen Stellung. Es schien, als ob die älteren Krieger und damit die Mehrheit, sich die Auffassung Stumpfen Messers zu eigen machen würden, — während die jüngeren vornehmlich zu Kleinem Wolf hielten.

Immer wieder betonte Stumpfes Messer: „Die Blauröcke haben gesehen, daß die Cheyenne zu kämpfen wissen, und daß sie den Tod nicht fürchten. Was sollen sie uns weiter verfolgen, da wir doch in unserem Lande angekommen sind?"

Aber Kleiner Wolf gab zu bedenken: „Bleichgesichter sind keine Indianer. Sie denken nicht so wie der rote Mann. Unsere Tapferkeit erregt ihren Zorn und steigert ihre rachsüchtige Wut. Wer leben will, muß weiterziehen!"

Little Chief schlug vor, ein jeder möge für sich entscheiden, welchem Häuptling er gehorchen wolle. Also geschah es. Die Mehrheit, alles in allem etwa hundertfünfzig Männer, Frauen und Kinder, wollten bei Stump-

---

[1]) Königin Viktoria von England.

[2]) Siehe Band II «Sitting Bull».

fem Messer ausharren, und der Rest entschloß sich, mit Kleinem Wolf weiterzuziehen.

*

Anderntags trennten sich die Indianer. Freundschaftlich schieden sie voneinander. Die beiden Häuptlinge umarmten sich. Dann brach Kleiner Wolf auf. Sein Herz war voll Leid und voller Sorge um das Schicksal der zurückgebliebenen Stammesgenossen.

General Crook erhält eine gute Nachricht

Versprechen, nichts als Versprechen! Der weiße Mann gibt seine Versprechen so leicht, wie im Herbst ein Baum seine dürren Blätter.

HÄUPTLING STUMPFES MESSER.

„Halt!" zischte Captain I. B. Johnson, „anhalten, habe ich gesagt! Da vorne ist irgend etwas los!" Er beugte sich über den Pferdehals und versuchte mit seinen Augen das wogende, brodelnde Nebelmeer zu durchdringen. Ein scharfer Nordwind heulte über das unheimliche Land und verhieß baldigen Schneefall.

Seit vielen Tagen schon zog Johnsons Infanteriekompanie, aus Fort Robinson abkommandiert, auf der Suche nach den Cheyenne in den düsteren Sandhügeln herum. Sand, Kälte und Nebel hatten ihnen schwer zugesetzt. Der rauhe Nord ließ das Mark in den Knochen gefrieren. Menschen und Tiere schienen am Ende ihrer Kräfte zu sein.

Auch Captain Johnson glaubte nicht mehr an den Erfolg seines Unternehmens. So trachtete er danach, mit den Soldaten wieder das schützende Fort und die warmen Quartiere zu erreichen, bevor der gefürchtete Schneesturm ihm auch dieses Vorhaben vereiteln, oder zumindest erschweren konnte. Er und ein Siouxspäher waren die einzigen Berittenen. Hinter ihnen trotteten stumm und müde die Soldaten. Der Nebel war so dicht, daß der Captain, wenn er zurücksah, gerade die ersten drei oder vier Glieder der marschierenden Truppe erkennen konnte. Den Abschluß bildeten ein halbes Dutzend Pferdefuhrwerke. Von diesen vernahm er nur das dumpfe Rumpeln der Karrenräder.

Die Infanteristen waren froh, daß der Captain diese ergebnislose Jagd abgebrochen hatte. Sie wußten bessere und klügere Dinge, als tagelang mit Vollpackung in diesem verfluchten Lande herumzustolpern und nach Rothäuten zu suchen, die vielleicht schon längst über alle Berge waren. Johnson selbst überließ sich noch etwas dem Widerstreit der Gefühle. Er gehörte zu jener kleinen Zahl Grenzoffiziere, die sich trotz des harten Dienstes und der rauhen Umgebung, ihre menschliche Gesinnung nicht völlig verschütten ließen. Im Gegensatz zu den meisten seiner Kameraden und vorab auch seines Vorgesetzten, Kommandant Wessels, weigerte er sich standhaft, die rothäutigen Ureinwohner den Tieren gleichzustellen, wie es damals gang und gäbe war. Für Soldaten und Zivilisten galt als allgemeine Regel, einen männlichen Indianer als „Bock", eine Frau als „Kuh" und die Kinder als „Ziegen" anzusprechen. Man erbeutete den Skalp eines „Bockes“, hatte so und so viele „Kühe“ totgeschlagen oder gefangengenommen, — das war die weiße Zivilisation der Grenze!

Captain Johnson vermutete stark, daß man ihn gerade seiner anständigen Gesinnung wegen in die Sand Hills geschickt hatte.

„Da Sie die Injun ja so heiß lieben“, — Johnson erinnerte sich wohl dieser höhnischen Worte des Kommandanten, — „werden sich diese bestimmt glücklich schätzen und sich auch beeilen, in Ihre Obhut zu kommen, Captain.“

Aber jetzt marschierte er wieder zurück, — ohne Indianer! Ah, zum Henker! Kalte Wut stieg in ihm auf, wenn er an die unangenehm keifende Stimme Wessels’ dachte, der ihn sicher wieder mit Hohn und Spott überschütten würde. Während er so diesen unerfreulichen Gedanken nachhing, hörte er plötzlich die kehlige Stimme des neben ihm reitenden Siouxspähers.

„Ho, ho, Captain! Vor uns, im Nebel, kommen Menschen!“

Sofort ließ Johnson anhalten. Tatsächlich, der Sioux schien richtig gehört zu haben. Hinter der grauen Nebelwand, vorläufig dem Auge noch verborgen, war leises Hufegetrappel und das tappende Geräusch sich nähernder Menschenfüße zu vernehmen.

Aufregung bemächtigte sich des Offiziers. Während er noch überlegte, ob er seine Kompanie gefechtsbereit machen lassen sollte, lüftete der Nebel sein Geheimnis.

Vor den erstaunten Soldaten tauchte ein unwirklicher Gespensterzug aus dem trüben Dunst, kreuzte etwa in fünfzig Schritt Entfernung den Pfad und stieg hügelan. Voraus marschierten einige Indianer, erkenntlich an den zerzausten Federn und den spitzkegeligen Hüten, dann folgten in müdem Trotte etwa fünfzig Pferde, auf denen Frauen und Kinder saßen, und den Abschluß bildeten wiederum einige Krieger.

„Die Hundekrieger", flüsterten Soldaten und Offiziere. Dieser Anblick war so überraschend, so seltsam und unwahrscheinlich, daß Captain Johnson, ganz im Banne dieses Ereignisses stehend, alles um sich herum vergaß. Ein eifriger Unteroffizier hingegen trat seitwärts aus, kniete nieder und brachte sein Gewehr in Anschlag. Das Knacken des Verschlusses riß auch den Captain wieder in die Wirklichkeit zurück. Zornroten Angesichts brüllte er den Sergeanten an und hieß ihn, die Waffe wieder zu sichern. Der zurechtgewiesene Unteroffizier trat, aufs tiefste beleidigt, wieder ins Glied zurück. Auch die übrigen Mannschaften und sogar die Offiziere staunten. Verdammt, sie waren doch ausgezogen, um diese Cheyenne zu fangen, oder, wenn es nicht anders gehen sollte, zu töten. Und jetzt, da ihnen ein gütiges Geschick im allerletzten Augenblick die Indianer in ihre Hände gab, tobte der Captain wie ein Berserker, weil dieser Sergeant nur tat, was ihnen allen anbefohlen war! Unerhört! Will Johnson die Rothäute etwa ziehen lassen? Das wäre nun doch ...

*

Die Blauröcke waren bis jetzt von den Indianern noch nicht bemerkt worden. Erst das metallische „Klick", als der Sergeant den Verschluß seines Gewehres zurückriß, und das unmittelbar darauffolgende Wutgebrüll des Offiziers zeigten ihnen, wie nahe der weiße Feind war. Die Cheyenne, ebenso überrascht, wie auf der andern Seite die Soldaten, hielten in ihrem Marsche inne und schauten hinüber zur wartenden Truppe. Sie sahen die beiden Reiter und erkannten in einem von ihnen den Verräter an ihrer Rasse; sie sahen auch die vielen Soldaten und ahnten, daß der Feind jedenfalls weit stärker war, als ihre Augen ermessen konnten. Unschlüssig blieben sie stehen. Was zögerten die Weißen noch? Warum schossen sie nicht?

Da löste sich der rotgesichtige Kundschafter aus der blauen Reihe und ritt ihnen entgegen. Mit Hilfe der Zeichensprache und einigen Brocken cheyennisch frug er nach dem Häuptling.

Stumpfes Messer hob die Hand.

„Hier ist Stumpfes Messer, Häuptling der Cheyenne. Was ist dein Begehr?"

„Mich schickt der Führer dieser Blauröcke, Captain Johnson. Er fordert dich zur Uebergabe auf."

Der alte Häuptling blickte den Kundschafter mit unsäglicher Verachtung an. Dann wendete er, ohne die Botschaft zu beantworten, sein Pferd und gab ein Zeichen, den unterbrochenen Marsch fortzusetzen. Sie bestiegen den flachen Hügel zur linken Seite und begannen ihr Lager aufzustellen.

Captain Johnson war erschüttert. Tiefstes Mitleid mit diesen in Lumpen gekleideten und scheinbar dem Hungertode nahen Indianer erfaßte ihn. Er befahl seine Offiziere zu sich.

„Meine Herren, Sie haben mit mir dieses traurige Schauspiel gesehen. Ich glaube nicht, daß diese Indianer noch kämpfen wollen oder überhaupt noch kämpfen können. Lassen wir sie jetzt ihr Lager aufschlagen, dann werde ich versuchen, mit ihnen ins Gespräch zu kommen. Die Kompanie biwakiert hier an Ort und Stelle."

Dann rief er den Fourier und gab Auftrag, den Indianern zwei Säcke Zwieback und einen Kessel Wasser zu bringen. Einen Reiter sandte er zurück nach Fort Robinson. Der mußte Wessels melden, daß die Roten sich in Johnsons Gewalt befänden. Auch sollte er Proviant für die Ernährung der Gefangenen und Wagen für ihren Abtransport anfordern.

Der Captain war glücklich, daß die Cheyenne ihm und nicht etwa einer anderen Truppe begegnet waren. Er würde dafür besorgt sein, daß man sie menschlich behandelte. Ihre Uebergabe, er war davon überzeugt, konnte nur noch eine Frage von Stunden sein. Sicher würden diese halbtoten Indianer frühestens am nächsten Morgen von ihrem Hügel heruntersteigen und sich gefangen geben. Man mußte sich mit Geduld wappnen und den armen Teufeln Zeit lassen.

Die Nacht brach herein. Bei den Soldaten loderten Biwakfeuer. Gar angenehm verbreitete sich ein köstlicher Duft von gebratenem Fleisch im Lager. Sicher wird er auch die Cheyenne in der Nase kitzeln und ihre Bereitschaft zur Uebergabe fördern, frohlockte Johnson. Mitten in der Nacht aber, als der Captain in seinem Zelte lag und beim Scheine des Kerzenlichts Rapporte schrieb, schlug ein ungewohntes Geräusch an seine Ohren. Er erhob sich und trat hinaus. Betroffen schaute er auf den Hügel hinauf, — kein Zweifel, die Cheyenne gruben sich ein!

„Was sind das für Menschen?" murmelte der Offizier kopfschüttelnd. Am andern Tag fiel Schnee. Bis am Abend war der Sandboden von einer handhohen Schicht bedeckt. Kurz vor Beginn der Dämmerung erschien Wessels und mit ihm eine starke Abteilung der 3. US-Cavalry und zwei Haubitzen.

„An Stelle der verlangten Wagen und des Proviants habe ich Kavallerie und Artillerie mitgebracht, Captain", begrüßte er Johnson, „gut, daß wir die Bande endlich haben, — das heißt, wir werden sie bald haben, hahaha!"

Wessels war ein forscher Draufgänger, besonders, wenn es gegen die Indianer ging. Daß es ihm vorbehalten blieb, diese beinahe schon legendären Cheyenne zu bezwingen, machte ihn schier übermütig.

„Bin übrigens erstaunt, Captain, daß Sie nichts gegen die Roten unternommen haben! Na, das wird sich jetzt sofort ändern. Wir räuchern das Lager noch heute abend aus!"

„Das ist, weiß Gott, nicht notwendig", protestierte Johnson erregt, „da oben sitzen allerhöchstens noch fünfzig schlecht bewaffnete Krieger und vielleicht hundert Frauen und Kinder. Alle scheinen dem Tode näher zu sein, als dem Leben ..."

„... das dürfte zutreffen, Captain", unterbrach ihn Wessels, „diesmal sind wir ausnahmsweise gleicher Meinung. Hingegen", fuhr er kalt und abweisend fort, „hingegen werden Sie es gefälligst mir überlassen, zu entscheiden, was jetzt zu tun ist, Captain. Wie ich hörte, ließen Sie dem Feinde übrigens Zwieback und Wasser überreichen. Dafür erteile ich Ihnen eine scharfe Rüge. Diese unüberlegte Tat — um nicht mehr zu sagen — wird für Sie noch ein Nachspiel haben. Man füttert den Feind nicht, bevor er in unserer Gewalt ist. Daß Sie gerade diesen Mordbrennern Ihre Gnade zuwenden und sie mit Truppenproviant verköstigen lassen, ist sehr bezeichnend."

Johnson biß sich in die Lippen und schwieg.

Kommandant Wessels ließ zwei Fackeln anzünden. Dann schritt er mit dem Siouxspäher und einem Halbblut-Dolmetscher namens James Rowland, hügelan. Es hatte wieder heftig zu schneien begonnen, und ein starker Wind drohte die Fackeln auszulöschen. Als die drei in die Nähe des Lagers kamen, erhoben sich die Cheyennekrieger hinter ihren dürftigen Stellungen. Einige Gestalten lösten sich aus der Reihe und schritten Wessels entgegen. Trotz des heftigen Schneetreibens konnte der Offizier das Lager gut überschauen. Schmunzelnd stellte er fest, daß diese leichten Brustwehren kaum ein nennenswertes Hindernis darstellten.

Stehenden Fußes erwartete er die Indianer. Ein in Lumpen gehüllter Greis mit fieberglänzenden Augen trat schwankend auf ihn zu und streckte ihm nach der Art des weißen Mannes die Hand zum Gruß entgegen. Wessels übersah die Geste, — unerhört, einem „dirty buck" die Hand zu schütteln! — und ließ ausrichten, daß er die sofortige Uebergabe wünsche. Er verspreche ihnen warmes Quartier und reichliche Nahrung. Andernfalls würde er nicht lange zögern und sofort das Feuer eröffnen.

Der Greis schüttelte den Kopf.

„Hier in diesen Gründen", antwortete er mit leiser Stimme, „haben die Cheyenne früher den Hirsch und den Bären gejagt. Meine Brüder und Schwestern verlangen nichts, als daß man sie in Ruhe läßt. Die Cheyenne sind nicht auf dem Kriegspfade. Sie begehren nur, in Frieden gelassen zu werden."

Wessels brauste auf. „Du sprichst dumm, Häuptling, oder was du auch sein magst. Bedenke, wir geben dir zu essen, zu trinken und warmes Quartier. Zum letzten Mal: Ergebt euch!"

Der Greis sprach einige Worte zu seinen Begleitern. Diese eilten ins Lager und kehrten mit einer schweren Last zurück. Wie erstaunt war Wessels, als sie die zwei Säcke Zwieback und den Kessel voll Wasser vor ihn hinstellten.

„Nimm das mit, Captain, die Hundekrieger hungern lieber, als daß sie von diesen Sachen essen möchten."

Blindwütig vor Zorn, daß er sich von den Wilden so beschämen lassen mußte, stieß er die Säcke mit heftigen Fußtritten weg, kehrte sich um und stiefelte talwärts, die beiden andern hinten nach.

*

Keine Viertelstunde später stiegen einige hundert Soldaten mit gefälltem Karabiner hügelan. Rasendes Schneegestöber schlug ihnen entgegen. Heulend pfiff der schneidende Nordwind um ihre Ohren. Plötzlich züngelten Flammen aus der weiß-schwarzen Dunkelheit. Schüsse krachten. Pfeile kamen leise angesaust. Einige Männer stürzten, andere schrien auf. Der Angriff stockte.

Zähneknirschend befahl Wessels den Rückzug.

Noch einmal versuchte Captain Johnson den Kommandanten davon zu überzeugen, daß jeder Angriff hüben und drüben nur unnötige Menschenleben kosten werde. Barsch wies ihn Wessels weg.

Strahlend hell ging am andern Morgen die Sonne auf. Es war bitter kalt, und die wenigen Büsche erglänzten im Rauhreif. Wessels Sinn ging aber nicht nach diesen Schönheiten der winterlichen Natur. Er ließ die beiden Haubitzen in Stellung bringen und das Feuer eröffnen.

Krachend fuhr die erste Granate aus dem Rohr hinaus und explodierte, ohne Schaden anzurichten, hinter dem Hügel.

„Reibt euch eure Augen aus, ihr Schlafmützen!" schrie der Kommandant.

Jetzt feuerte die zweite Haubitze. Mitten im Lager saß der Schuß. Zeltstangen, Tuchfetzen und wohl auch Menschen wurden durcheinander gewirbelt.

Wessels klatschte Beifall. „Prima, boys! Nur so weiter gemacht! Heizt den Kerlen tüchtig ein!"

Immer wieder donnerten die Geschütze, und Schuß um Schuß krepierte mitten im Lager. Der Kommandant und die übrigen Offiziere beobachteten die Feuerwirkung durch ihre Feldstecher.

„Haaalt! Feuer einstellen! Die Zigeuner scheinen von unseren Morgengrüßen genug zu haben. Oha, da kommen sie ja selber heruntergelaufen!" Wessels suchte Johnson.

„Na, Captain, jetzt ist's soweit. Seht, wie sie laufen, die Brüder!"

Mit erhobenen Händen nahten sich die Indianer. Voraus, gestützt von zwei hochgewachsenen Kriegern, wiederum der hinfällige Greis von gestern abend. Blut tropfte von seiner Stirne. Mit haßerfüllten Augen blickte er Wessels an.

„Die Cheyenne kommen mit dir, Bleichgesicht. Du hast viele von uns getötet. Erlaube meinen Kriegern noch, daß sie ihre Brüder, Schwestern und Kinder begraben."

Der Kommandant nickte. Er winkte dem Siouxspäher.

„Wie heißen diese Indianer?"

Ehrfürchtig flüsterte der Rote: „Stumpfes Messer, Old Crow und Wild Hog. Große, berühmte Häuptlinge!"

„Aha! Gute Nachricht für General Crook! Rowland, sagt ihnen, daß sie ihre Waffen hier auf einen Haufen schichten sollen und — eh — fragt den Alten, wo sich der andere, Kleiner Wolf, herumtreibe."

Mit einer ausholenden Gebärde wies Stumpfes Messer nach Norden: „Kleiner Wolf weit fort. Vielleicht schon im Lande der Großmutter."

*

Nach ihrer Entwaffnung wurden die Ueberlebenden unverzüglich nach Fort Robinson in Marsch gesetzt; ihre Pferde ließ Wessels an Ort und Stelle erschießen.

Fort Robinson

«Sage dem Großen Vater in Washington, wenn er einen Mann weiß, der die Wahrheit spricht, soll er diesen zu mir senden und ich werde hören, was er zu berichten hat.» SITTING BULL.

In Fort Robinson wurden die Gefangenen in eine halbzerfallene Baracke gesteckt. Bis jetzt hatten darin nur Mäuse und Ratten gehaust. Diese Tiere schienen nicht ohne weiteres gewillt, ihr Revier mit zweibeinigen Wesen zu teilen. Vom ersten Tag an litten die Cheyenne entsetzlich unter dieser Plage, — waren hingegen zu stolz, sich bei den Blauröcken zu beschweren. Völlig ungenügend war auch die Heizung, hatte doch Wessels für die rund hundert Personen nur einen einzigen gußeisernen Ofen aufstellen lassen. Die Indianer mußten auf dem bloßen Boden schlafen. Sie bekamen kein Stroh, keine Decken, keine Tische und Bänke, weder die notwendigsten, noch die einfachsten Dinge, um sich das traurige Gefangenenleben etwas erträglicher gestalten zu können. Das Dach war voller Löcher, ebenso die Wände. Wind und Schnee fanden ungehindert Eintritt. Die beiden Fenster hatte Wessels vernageln lassen und wären nicht die Löcher gewesen, hätten sie auch auf das Licht verzichten müssen. — Einmal im Tage durften sie sich unter strengster Bewachung im Hofe etwas ergehen. Aber davon machten nur die kleinen Kinder und einige Frauen Gebrauch; die Krieger lehnten diese „Vergünstigung" ebenfalls ab. Stolz zogen sie es vor, in der steten Dämmerung ihres Gefängnisses auszuharren.

Einem Unteroffizier, der mit den Cheyenne Erbarmen hatte und Wessels um eine Kerze bat, gab er folgende Antwort auf seine „dumme" Frage:

„Was brauchen diese Zigeuner Licht! Sie verstehen ja doch nicht eine Zeitung zu lesen!"

Obwohl der Kommandant das Recht und die Pflicht gehabt hätte, die gefangenen Indianer aus Regierungsbeständen neu zu bekleiden und genügend zu ernähren — wie er es Stumpfem Messer vor dessen Uebergabe versprochen — ließ er die Cheyenne in ihren elenden, schmutzigen Lumpen stecken. Was kümmerte es ihn, daß die Mehrzahl dieser Bedauernswerten barfuß gehen mußte, daß die kleinsten Kinder an Unterernährung starben und daß die Erwachsenen an mancherlei Erkrankungen litten? Einmal im Tage wurden ihnen die Reste aus der Soldatenküche vorgesetzt, doch niemals genug, um ihren Hunger zu stillen.

Diese, jeder menschlichen Rücksichtnahme hohnsprechende Behandlung erfuhr auch keine Aenderung, als Wessels von Crook angewiesen wurde, die Gefangenen vorläufig auf Fort Robinson in Gewahrsam zu behalten, bis in Washington über ihr weiteres Schicksal befunden worden sei. — Die Cheyenne fügten sich mit gelassener Ruhe in die für sie unwürdigen Verhältnisse. Sie sprachen ihren Kranken Mut zu — pflegen konnten sie sie ja nicht — und verhießen ihnen ein schöneres Weiterleben in den Ewigen Jagdgründen. Mit undurchdringlichen Gesichtern begruben sie ihre Toten, denn der Knochenmann hielt reichliche Ernte unter ihnen. Raschelnde Blätter hatte vielen trauernden Müttern Trost zu spenden. Nachts, wenn es im Fort ruhig geworden war, hörten die Wachtsoldaten etwa unterdrücktes Weinen aus der Baracke, oder den hohlen Sterbegesang eines todkranken Kriegers.

*

Düsterkeit schwebte über Fort Robinson. Wessels führte ein hartes Regiment. Er hatte dafür gesorgt, daß Captain Johnson, wegen seines Verhaltens den Cheyenne gegenüber, abkommandiert und strafversetzt worden war. Seit er diesen unbequemen Offizier nicht mehr im Fort wußte, schaltete und waltete er, wie er es für gut fand. Die Soldaten haßten und fürchteten ihn, und selbst die Offiziere wichen ihm aus, wo sie konnten. Captain P. D. Vroom war stellvertretender Fortkommandant. Leutnant George Baxter führte als Nachfolger Johnsons die Infanteriekompanie und Leutnant Arthur Allen die Kavallerie-Abteilung. Außer diesen Offizieren und Truppen, beherbergte Fort Robinson noch ein Detachement Siouxkundschafter, einen Armeearzt, einige fahrende Händler, eine Gruppe überwinternder Pelzjäger und den Dolmetscher James Rowland, Sohn eines weißen Traders und einer Cheyennefrau.

Seitdem die Cheyenne im Fort weilten, und nachdem Captain Johnson abgereist war, gesellte sich zur düstertrostlosen Stimmung noch geheime Angst. Die Weißen mußten machtlos zusehen, wie Wessels die sterbensmüden, stummen Rothäute quälte, und nicht wenige befürchteten deswegen Unheil. „Wenn die fortgesetzt beleidigte, gequälte Kreatur sich rächen will, wird sie auch ohne Waffen gefährlich", pflegte Captain Vroom etwa zu sagen.

Aber die Gefangenen dachten vorläufig noch nicht an Rache. In ihrer Abgeschlossenheit wußten sie nicht, welche Aengste und geheimen Befürchtungen die Weißen ihretwegen hegten. Ihre Gedanken und Worte drehten sich nur um Sterben und Tod. Sie waren ja nicht mehr in dem fernen und fremden Dar-ling-to-on, und die abgeschiedenen Brüder und Schwestern durften in vertraute, heimatnahe Erde gesenkt werden. Dieses Gefühl verlieh ihnen Seelenstärke.

Wohl glichen sie in nichts mehr den einstigen „Rittern der Prärie". Ob Häuptling oder Krieger, ob Frau oder Kind, sie trugen alle die gleichen übel riechenden Lumpen auf ihren hinfälligen Leibern, und ihre Gesichter zeigten, ohne Unterschied des Alters und des Geschlechtes, dieselben leidgezeichneten, greisenhaften Züge. Vielleicht, daß Raschelnde Blätter eine Ausnahme machte. Sie allein hatte sich noch einen schwachen Abglanz ihrer früheren Schönheit bewahrt. —

Der Bescheid aus Washington

«Die Geschichte des Verkehrs zwischen Regierung und Indianern ist eine schamlose Reihe gebrochener Verträge und unerfüllter Versprechen.»

Ulysses Grant, Präsident der USA.

Meterhoch lag der Schnee über dem frosterstarrten Lande. Außer den Pelzjägern und den Militärposten, hielt sich kein Mensch unnötigerweise außerhalb der Palisaden auf. Tagsüber blieben die Offiziere in ihrer Messe, die Soldaten in den Kantonnementen oder in der Schenke und die Zivilisten in ihren Wohnbaracken. Kaminfeuer prasselten und verbreiteten Wärme und Behaglichkeit. Nur die gefangenen Cheyenne mußten in ihren eiskalten Lattenverschlägen dahinsiechen. Das ereignisschwere Jahr 1878 war zu Ende gegangen, ohne daß Wessels irgend einen Befehl über das weitere Schicksal der Indianer erhalten hätte.

Endlich, in der ersten Woche des Monats Januar 1879, kam der längst erwartete Bescheid. Captain Wessels erbrach das Schreiben, und als er zu lesen begann, konnte sogar dieser harte, gegen sich und andere rücksichtslose Offizier nicht verhindern, daß ihn bleicher Schrecken packte. Wieder und wieder las er die Worte:

Captain Wessels, Kommandant Fort Robinson (Nebraska)

Die Gefangenen sind wieder nach Darlington (Oklahoma) zu transportieren. Sie sind für ausreichende Bedeckung verantwortlich. Mit dem Fußmarsch ist sofort zu beginnen. Marschunfähige sind in Wagen nachzuführen. Die Eskorte wird in X abgelöst. Melden Sie mir den Vollzug dieses Befehls.

General G. Crook.

Noch eine lange Weile starrte Wessels auf dieses unbarmherzige Dokument, dann gewann er die frühere Haltung wieder zurück. Er straffte sich, rief der Ordonnanz und befahl, die Herren Offiziere, den Dolmetscher Rowland und die Häuptlinge Stumpfes Messer, Krähe und Wild Hog in das Kommandohaus zu führen.

Vroom, Baxter und Allen meldeten sich. Etwas später erschienen Rowland und die Häuptlinge. Stumpfes Messer zitterte vor Kälte und Entbehrung. Die beiden andern gingen barfuß. Wessels war der traurige Anblick dieser Indianer sichtlich unangenehm. Und dann diese verfluchte Meldung aus dem Hauptquartier! Er konnte nicht verhindern, daß eine Ahnung bevorstehenden Unheils auch von ihm Besitz ergriff.

Stolz, mit unbewegten, undurchdringlichen Gesichtern standen die Häuptlinge vor den Offizieren. Ihre Blicke aus den tief in den Höhlen liegenden Augen schienen sich irgendwo in der Ferne zu verlieren.

„Was mag wohl hinter diesen Köpfen vorgehen?" dachte Vroom, „was hat der Kommandant mit ihnen vor? Ist etwa ein Befehl aus dem Hauptquartier gekommen?"

Wessels wies nach dem Kaminfeuer und lud die Häuptlinge mit einer Handbewegung ein, in der Nähe der Flammen Platz zu nehmen.

Stumpfes Messer schüttelte den Kopf. Der Offizier biß sich auf die Lippen. Wieder stieg die unheilvolle Ahnung in ihm auf. Er setzte sich.

„Bitte die Herren, Platz zu nehmen. Wenn unsere ‚Gäste' es vorziehen zu stehen, — well, wir können auch so verhandeln. Rowland! Hier, nehmt dieses Schreiben, und lest es den Offizieren laut und deutlich vor, dann übersetzt Ihr es den Häuptlingen."

Die Offiziere zuckten merklich zusammen, als sie die ungeheuerliche Botschaft anhörten. Aber in den steinernen Gesichtern der Indianer bewegte sich keine Muskel. Alle Weißen waren sich klar darüber, daß Crooks Befehl einem Todesurteil für die Cheyenne gleichkam. „Welche Beherrschung, welche Nervenkraft gehört doch dazu, eine solche Meldung entgegenzunehmen, ohne laut aufzubrüllen vor Wut und Schmerz", dachte Vroom. Wessels, der die Häuptlinge scharf beobachtete, sah, wie sich ihre abgehärmten Gesichter strafften, wie ihre eingesunkenen Körper sich aufrichteten.

Oh, wie schlecht kannte er die indianische Seele! Glaubte er doch, die Gefangenen würden unter der Wucht dieser Mitteilung zusammenbrechen, ihn kniefällig um Erbarmen bitten, oder gar in jähem Zorn einen Angriff versuchen.

Daß sie aber unbeweglich, unberührt stehen blieben und mit keinem Wort und keiner Miene verrieten, was in ihnen vorging, brachte den Kommandanten aus dem Gleichgewicht.

Er setzte zu einer wortreichen Erklärung über die amerikanischen Gesetze im allgemeinen und über Crooks Befehl im besonderen an. Rowland hatte Mühe zu dolmetschen, so schnell sprudelte Wessels seine Worte hervor, um seine Unsicherheit zu verbergen. Aus eigenem Ermessen begründete er, warum die Cheyenne jetzt und zu Fuß nach Darlington zurück mußten. Dabei ließ er durchblicken, daß eine Kommission genau untersuchen werde, wer unter den Cheyenne während der Flucht Strafwürdiges begangen habe. Den Unschuldigen geschehe nichts, rief er im Brustton der Ueberzeugung, aber die Missetäter würden nach Dry Tortugas in Florida verbannt. Nach diesem Satz hörte man Old Crow vernehmlich mit den Zähnen knirschen.

„Und jetzt", beendete Wessels seinen Vortrag und erhob sich, „da ihr nichts zu sagen habt, will ich annehmen, daß ihr den Befehl des Großen Vaters in Washington als gut und weise anerkennt. Ihr könnt gehen.

Man wird euch wissen lassen, wann aufgebrochen wird."

Glücklich darüber, daß alles so glatt und ohne Zwischenfall verlaufen, wollte er der Wache rufen, damit sie die Häuptlinge wieder nach der Baracke zurückführe.

In diesem Augenblick tat Stumpfes Messer einen Schritt vorwärts. Das geschah so unvorbereitet und überraschend, daß Wessels erschrocken zurückwich. Unbeabsichtigt und auf wenig würdevolle Art geriet er wieder in sitzende Stellung. Zornig über sein Mißgeschick und über sein unvermitteltes Zurückweichen, wollte er den Häuptling scharf zurechtweisen.

Aber die Worte blieben ihm im Munde stecken. In den sonst so glanzlosen und hoffnungslos blickenden Augen des Häuptlings glitzerte es plötzlich gefährlich. Mit einer unnachahmlich würdevollen Bewegung raffte der Cheyenne seine zerfetzte Decke zusammen und wies mit ausgestrecktem Zeigefinger auf den Kommandanten.

„Ich habe", sprach Stumpfes Messer mit fester, drohend grollender Stimme, „ich habe mein Volk nicht aus der verfluchten Reservation weggeführt, um gegen euch Blauröcke auf den Kriegspfad zu ziehen. Wir suchten unsere verlorenen Jagdgründe, weil wir dort unten verhungert, oder am Fieber zugrunde gegangen wären. Jedermann kann bezeugen, daß die Hundekrieger auf dem ganzen, langen Ritt niemals geschossen haben, es sei denn, man habe sie angegriffen. Und da wagst du es,

Bleichgesicht, von indianischen Bösewichtern zu sprechen, die man nach Dry Tortugas, wo schon so viele unserer unglücklichen Brüder elend umgekommen sind, verbannen müsse!"

„Höre, was ich dir zu sagen habe: Wir werden nicht zurückkehren nach Dar-ling-to-on! Du weißt, Bleichgesicht, daß wir vorher sterben würden! Wir kennen deine Absichten und schlechten Gedanken. Schaue uns an, Blaurock. Wir tragen Lumpen an unseren Leibern. Wir haben keine Wärme in dem alten Haus, in das du uns eingesperrt hast. Hunger wühlt in unseren Därmen. Die meisten Kinder sind gestorben. Fasse dich in Geduld, Bleichgesicht, bis die Sonne den Schnee zu schmelzen beginnt, werden die Cheyenne mit ihren toten Brüdern vereint sein. Aber wir gehen nicht zurück nach Dar-ling-to-on!"

Inzwischen hatte Wessels seine Selbstsicherheit wieder gefunden. Er stand auf und antwortete dem Häuptling, — Wort für Wort scharf betonend:

„Ihr geht zurück, Häuptling! Das sagt euch Wessels, der Kommandant von Fort Robinson. Ich werde dich und euch alle so mürbe machen, bis ihr froh seid, von hier wegzukommen und wenn der Schnee nochmals so hoch liegen würde wie jetzt."

Stumpfes Messer ließ sich nicht beeindrucken.

„Du wirst uns nicht zwingen können, Bleichgesicht!"

„Doch! Doch! Doch!" schrie jetzt Wessels in unbeherrschtem Zorne, „ich werde euch zwingen, verlaßt euch darauf!"

Gelassen erwiderte Stumpfes Messer:

„Blaurock! Sage deinem Großen Vater in Washington: Eher werden die Hundekrieger sich, ihre Frauen und Kinder selber töten, als nochmals den Pfad nach Dar-ling-to-on unter die Füße nehmen. Ich habe gesprochen!"

Er kehrte sich um und verließ mit seinen Brüdern gemessenen Schrittes den Raum.

Kommandant Wessels

«Während die Indianer in vollen Zügen genossen, was ein guter Gott ihnen gegeben, kamen wir Weiße über sie, erschlugen sie und nahmen ihnen ihr Eigentum.»

George Bancroft, «HISTORY OF THE UNITED STATES».

Aufgeregt schritt der Kommandant in dem kleinen Büro auf und ab. Seine Rechte öffnete sich zuweilen und schloß sich wieder zur Faust und zwar so fest und so grimmig, als hätte sie den Hals eines Feindes umfaßt. Die Offiziere hingen stumm ihren eigenen Gedanken nach. Des Häuptlings Rede war bei ihnen nicht ohne Eindruck geblieben. Crooks Befehl und Wessels' Verhalten den Indianern gegenüber hatten sie bis ins Innerste aufgewühlt und empört. Endlich unterbrach Captain Vroom das düstere Schweigen.

„Ich meine, man sollte General Crook die Lage hier und den erbärmlichen Zustand der Gefangenen schildern. Bestimmt hat der ‚Graubart' ja nur die Weisungen aus Washington buchstabengetreu übermittelt. Die Herren sitzen dort in ihren warmen Räumen und auf gut gepolsterten Sesseln und haben natürlich keine Ahnung, wie es hier aussieht. Dieser Fußmarsch von über tausend Meilen bis nach Darlington ist nicht nur unmenschlich, sondern auch gefährlich und zwar für die Gefangenen, wie für die Soldaten. Das Beste wäre wohl, die ‚Dog soldiers' in eine benachbarte Reservation einzuliefern, vielleicht in die Pine Ridge-Agency[1], wo Old Red Cloud[2] mit seinen Leuten lebt."

Zornig blitzte Wessels den Sprecher an.

„Kommt gar nicht in Frage, Vroom! Befehl ist Befehl! Wäre ja noch schöner, wenn man in der Armee über einen Befehl diskutieren wollte. Bin sonst von meinen Untergebenen solche ungebührlichen Reden nicht gewöhnt, — merken Sie sich das, Captain!"

Vroom zuckte die Achseln. Aber der Kommandant, einmal in Fahrt gekommen, gab das Thema nicht so leicht auf. Offensichtlich plagte ihn auch das schlechte Gewissen über die schlechte Behandlung der Gefangenen.

„Begreife wirklich nicht, daß einer meiner Offiziere überhaupt einen solchen Vorschlag zu äußern wagt. Man darf den Schwierigkeiten nicht ausweichen, meine Herren. Wenn diese Zigeuner nicht wollen, werden wir halt eben andere Saiten aufziehen. Bis jetzt habe ich sie in Ruhe gelassen. Aber ich bin nicht gesonnen, die frechen Worte dieses Häuptlings ungesühnt entgegenzunehmen. Von jetzt an geht es hart auf hart! Wenn die Roten nicht gehorchen, gibt's kein Wasser und kein

---

1) Kiefernsattel-Agentur in South Dakota.

2) Häuptling Rote Wolke, s. Band I dieser Serie.

Essen mehr! Glauben Sie mir, Vroom, morgen wird der Alte auf den Knien rutschen. Ich werde dafür sorgen, daß sie sich freuen, von hier wegzukommen, hahaha!"

Sein schadenfrohes Lachen fand keinen Widerhall. Captain Vroom schüttelte den Kopf.

„Sie gehen zu weit, Sir! Nach unseren Gesetzen haben auch Gefangene, ob sie nun roter oder weißer Hautfarbe sind, Anrecht auf menschliche Behandlung ..."

„... Schluß mit diesem Geschwätz!" fuhr Wessels dem Captain grob in die Rede. „Gefangene haben nicht zu meutern! Einen Soldaten würde man deswegen erschießen, — ich verordne diesen Banditen immerhin nur eine — Abmagerungskur! He, Rowland, geht mal hinüber und bringt das Euren Halbbrüdern bei!"

*

Nur ungern gehorchte der Dolmetscher diesem Befehl. Leise öffnete er die Barackentüre und blickte in das Dämmerdunkel hinein. Im gleichen Augenblick prallte er zurück, — er hatte etwas gesehen, was ihn furchtbar entsetzte. — Ungewollt war Rowland zum Zeugen geworden, wie die Indianerfrauen unter ihren Röcken gestutzte Gewehre und Munition zum Vorschein brachten. Sicher wußte der Kommandant nichts davon! Er beabsichtigte, eilends die Türe wieder zu verschließen und sich zu entfernen, um Wessels diese unerhörte Freveltat zu melden. Aber schon fühlte er sich von der

Eisenfaust Old Crows am Arme gepackt und in die Baracke hineingezogen.

„Hüte dich, Halbblut, uns zu verraten!" zischte der Häuptling drohend, „du hast nichts gesehen, verstehst du! Halte deinen Mund geschlossen, oder es wird dir schlecht ergehen!"

Zitternd, halb tot vor Angst, stammelte Rowland sein Einverständnis. Inzwischen war Stumpfes Messer näher getreten.

„Was wollte der Mann mit den zwei Zungen bei den Hundekriegern? Er möge es sagen."

„Der Kommandant", stotterte er, „will euch kein Wasser und keine Speise mehr geben, bis ihr euch seinen Befehlen fügt."

Wütend holte Krähe zum Schlage aus, aber der Häuptling fiel dem Erzürnten in den Arm.

„Mein Bruder mäßige sich. Der da ist unschuldig. Der Blaurock hat ihn gezwungen, uns seine Botschaft auszurichten."

Und zu Rowland sagte er:

„Es ist gut. Gehe!"

*

Vergeblich wartete Wessels auf die Antwort der Cheyenne. Als die Wache, wie üblich, den Gefangenen Holz für den Ofen überreichen wollte, jagte er die Soldaten zurück. In der folgenden Nacht rückten die Cheyenne eng aneinander. Schaurig tönte der im Chor gesungene Sterbegesang. Seine unheimliche Melodie drang durch die festverschlossenen Fenster der Quartiere und raubte den Weißen den Schlaf.

Was blieb den Indianern noch weiter übrig, als sich zum Sterben vorzubereiten? Sie beklagten ihr trauriges Schicksal; sie sangen von vergangenen Heldentaten und sie schrien zum Großen Geist, daß er sie von den Qualen des weißen Mannes befreien möge.

Wessels fand keine Ruhe. Er rief nach Rowland und erkundigte sich, was es mit diesem „Geheul" für eine Bewandtnis habe.

Aengstlich flüsterte der Dolmetscher: „Die Hundekrieger wollen sterben, Kommandant."

Wessels fluchte.

„Geht zur Wache", herrschte er Rowland an, „man soll mir die drei Häuptlinge nochmals auf mein Büro führen!"

Dann weckte er Vroom, Baxter und Allen und ließ sie ebenfalls zu sich kommen.

„Meine Herren", eröffnete er den ahnungslosen Offizieren, die erstaunt waren, zu so später Stunde noch dienstlich beansprucht zu werden, „in wenigen Minuten werden die drei Häuptlinge nochmals erscheinen. Diesmal allerdings in Begleitung der Wachtsoldaten! — E-hem, Sie haben doch Ihre Waffen mit? Gut! — Werde nämlich die Kerle in Ketten legen lassen! Sollte auch das ihren Widerstand nicht brechen, bleibt mir nichts anderes mehr übrig, als die ganze Bande mit Gewalt in Marsch zu setzen."

Die Offiziere erbleichten. Aber bevor sie etwas entgegnen konnten, traten die Soldaten mit den Indianern herein. Enttäuscht stellte Wessels fest, daß Stumpfes Messer nicht mitgekommen war.

„Wo ist der alte Häuptling?" erkundigte er sich bei Rowland. Bevor dieser antworten konnte, trat Wild Hog, der die Frage des Kommandanten verstanden hatte, vor Wessels, zeigte mit der Hand auf den, dem Offizier bis jetzt noch nicht bekannten Indianer und radebrechte:

„Stumpfes Messer hat dir alles gesagt, was du wissen mußt. Häuptling sehr müde, sehr krank. An seiner Stelle Strong Left Hand mitgekommen."

Eine neue Niederlage! Aber Wessels schluckte den Zorn hinunter und schmeichelte honigsüß:

„Ich habe meine roten Brüder nochmals zu mir gebeten. Wir müssen mit gerader Zunge miteinander sprechen. Sicher seid ihr auch vernünftiger, als der alte Häuptling?"

Mißtrauen glomm in den schwarzen Augen auf.

„Na, um es kurz zu machen: Leider läßt sich an dem Befehl, euch wieder nach Darlington zurückzubringen, nichts mehr ändern. Gebt mir euer Einverständnis, daß die Cheyenne sich dieser Anordnung nicht widersetzen werden. Laßt Klugheit eure Sinne leiten, und ich werde euch dafür wieder Speise und Trank verteilen lassen. Auch Brennholz und sogar warme Kleider sollt ihr bekommen."

Erwartungsvoll blickte er die Indianer an. Wieder machte sich Wild Hog zum Sprecher.

„Wir gehen nicht fort! Lieber wollen wir auf der Stelle sterben!"

„Dann fesselt die Hunde!" brüllte Wessels sinnlos vor Zorn.

„Los, ihr Dummköpfe!" — er stieß einen der überraschten Soldaten vor die Brust, „los, packt diese roten Banditen!"

Gleichzeitig griff er nach seinem Colt und spannte den Hahn.

Die Soldaten warfen sich auf die Cheyenne, aber diese hatten die Niedertracht des Kommandanten rechtzeitig erkannt und wehrten sich mit Leibeskräften. Krähe zog sogar ein Messer hervor und stieß es dem auf ihn eindringenden Wacht-Unteroffizier bis ans Heft in die Brust. Röchelnd sank der Schwerverletzte zu Boden.

Doch, es waren der Häscher zu viele. Old Crow und Wild Hog erlagen der Uebermacht und wurden gebunden. Strong Left Hand hingegen befreite sich nochmals von seinen Widersachern, zersplitterte mit bloßer Faust das nahe Fenster und entfloh mit mächtigem Sprung ins Freie. Vergeblich schoß Wessels seine Waffe leer, — der Flüchtige erreichte wohlbehalten die Baracke.

Von innen her wurden zwei Bretter verschoben und Strong Left Hand war gerettet.

Old Crow und Wild Hog wurden mit Ketten gefesselt und in Arrest geworfen.

Das aus seiner Ruhe aufgestörte Fort fand keinen Frieden. Kaum war die erste Aufregung vorüber, als ein schrecklicher Schneesturm losbrach. Brüllend warf er sich auf die einsame Ansiedlung, rüttelte mit urgewaltiger Kraft an den Blockhäusern, wirbelte den Schnee über die Palisaden und schichtete ihn zu mannshohen Haufen.

*

„Es ist Zeit, meine Brüder und Schwestern", flüsterte Stumpfes Messer. „Der Große Geist ist unserem Vorhaben günstig gesinnt. Haltet eure Tränen zurück", tröstete er die leise weinenden Frauen Old Crows und Wild Hogs, „handelt jetzt so, wie es eure Männer tun würden!"

Des alten Häuptlings Stimme klang so fest und sicher, als sitze er, wie einst, hoch zu Roß an der Spitze seiner Krieger.

„Ladet die Gewehre und verteilt sie auf die besten Schützen! Packt die Messer! Reißt den Boden auf und nehmt die Bretter. Man kann auch mit solchen Waffen kämpfen. Zieht die eisernen Bolzen und Nägel aus den Wänden! Hört die Stimme des Großen Geistes. Es ist Zeit, daß wir den Pfad wieder aufnehmen!"

Fieberhaft arbeiteten die Indianer. Aber sie taten es leise und geräuschlos. Während sich die Weißen anschickten, die so jäh unterbrochene Nachtruhe wieder fortzusetzen und halbwegs mit ängstlichem Bedauern der gefangenen Cheyenne gedachten, die in ihrer hinfälligen Hütte und in schwärzester Finsternis dem blinden Wüten einer entfesselten Natur schutzlos preisgegeben waren, hob sich langsam der Vorhang zum letzten Akt dieser Tragödie ...

Von Verzweiflung getrieben

«Es gibt nicht hundert Meilen zwischen dem Atlantischen und dem Stillen Ozean, die nicht der Schauplatz einer Indianermetzelei gewesen wären.»

Bischof Wipple

Zwei mit Gewehren bewaffnete Krieger lösten auf der vom Hof abgekehrten Seite der Baracke einige Bretter. Dann schlüpften sie hinaus. Ihnen folgten die anderen Krieger mit den Frauen und Kindern. Als letzter verließ Stumpfes Messer das Gefängnis. Er wechselte einige kurze Worte mit Strong Left Hand. Die Frauen, zum Teil mit ihren halbwüchsigen Kindern an der Hand, — einzelne trugen sogar Säuglinge an ihre Brust gedrückt, sammelten sich im Windschatten zwischen Palisaden und der rückwärtigen Barackenwand. Little Chief blieb bei ihnen stehen, während Stumpfes Messer, Strong Left Hand und die übrigen Männer vorsichtig durch den tiefen Schnee wateten, bis sie die andere, dem Wachthause zugekehrte Seite erreichten.

Die Fensterladen des Wachthauses waren geschlossen. Durch einige Ritzen schimmerte Licht. Ein Soldat stand, mit dem Rücken gegen die Indianer, unter dem Vordache, um vor der Wucht des Blizzards einigermaßen Schutz zu finden. Strong Left Hand lächelte befriedigt. Dann spähte er hinüber zum Tor. Er sah eine Doppelschildwache, über und über mit Schnee bedeckt, hin und her marschieren.

Stumpfes Messer gab den Frauen ein Zeichen. So schnell als es der knietiefe Schnee erlaubte, eilten sie mit ihren Kindern dem Tor entgegen. Aus der Gruppe des Häuptlings aber schnellten drei, mit Messern und Nägeln bewaffnete Krieger, flüchtigen Hirschen gleich, den Frauen voraus. Strong Left Hand selber rannte mit wahren Panthersprüngen dem Wachthaus entgegen.

Die Wucht des Sturmes schien sich von Sekunde zu Sekunde zu steigern. Mit brüllenden Stößen hämmerte er gegen die Häuser. In dichten, ununterbrochen sich folgenden Wellen peitschte er den Schnee. Gnade Gott den Lebewesen, die sich außerhalb einer schützenden Zuflucht befanden und Gnade Gott vor allem den drei Soldaten, denn mit dem Sturm nahte sich ihnen der Tod!

Mit der linken Hand packte Strong Left Hand den Nacken des Blaurockes, und mit der Rechten stieß er ihm das Messer in die Brust. Ohne einen Laut sank der Ueberfallene in den weichen Schnee. Das gleiche Schicksal widerfuhr den Schildwachen am Tor. Jetzt rannten auch die übrigen Krieger dem Ausgang entgegen.

Die Kräftigsten unter ihnen packten die schweren Balken und hoben sie aus den Haken. Sie zerrten die mächtigen Riegel heraus. Wieder andere schaufelten mit bloßen Händen den angewehten Schnee beiseite, damit sich zumindest ein Torflügel öffnen ließ.

Da wurde es plötzlich hell hinter ihnen, — die Türe zum Wachthaus war aufgestoßen worden. Dunkle, vermummte Gestalten traten in den Lichtkreis. Eine heisere Stimme rief irgendwelche Namen.

Fieberhaft arbeiteten die Indianer. Ein Dutzend Hände griffen gleichzeitig nach der Kante des riesigen Tores und rissen den näheren Flügel zurück. O, wie hielt das schwer! Wie sperrte sich der nasse Schnee dagegen! Aber das Wissen um die nahe tödliche Gefahr lieh den Cheyenne Riesenkräfte. Schon knarrte und knirschte es widerwillig im Holz. Schon konnte man einen Fuß zwischen Flügel und Schwelle pressen ...

Einer der Soldaten war über den leblosen Körper seines unglücklichen Kameraden gestolpert. Erstaunt bückte er sich. Wollte dem Ohnmächtigen — wie er wähnte — wieder auf die Beine helfen. Der Sergeant eilte herbei, um mit der Sturmlaterne zu leuchten. Erschrocken starrten die beiden auf den blutigen Waffenrock. Sie trachteten die Leiche ins Wachthaus zu schleppen, da vernahm der Unteroffizier vom Tor her ein verdächtiges Geräusch. Er ließ den Toten fallen und spähte angestrengt hinüber. Was er durch das dichte Schneetreiben mehr ahnen als deutlich erkennen konnte, erfüllte ihn mit Schrecken.

„Die Roten sind ausgebrochen!" brüllte er mit gellender Stimme. „Zu den Waffen! Alarm! Alarm!"

Die ersten Schüsse peitschten in die hilflos wartenden

Indianer. Eine Frau schrillte ihren Todesschrei. Aber das Tor war geöffnet, nur wenig zwar, aber es reichte zum Durchschlüpfen. Im Feuerhagel der sich nähernden Soldaten entwichen zuerst die Kinder, dann die Frauen und Greise. Die mit Gewehren bewaffneten Krieger knieten nieder und nahmen die heranstürmenden Blauröcke aufs Korn. Bald entspann sich ein erbitterter Nahkampf, der hüben und drüben viele Opfer kostete. Eine Messerklinge fuhr dem Sergeanten ins Gesicht und schlitzte ihm die linke Wange auf. Heulend vor Schmerz sank er in den Schnee.

Einer der Soldaten rief: „Sie haben das Tor aufgebrochen. Schießt die Hunde zusammen!"

Schuß auf Schuß peitschte in die zusammengepreßten Indianer hinein — und keiner verfehlte sein Ziel. Little Chief erhielt eine Kugel mitten ins Herz. „Zwei Bogen" wurde in den Bauch getroffen. Schönes Haar jammerte um ihren tödlich getroffenen Sohn und Gute Elksfrau mußte ihre beiden Kinder zurücklassen, als sie von einem Krieger trotz ihres verzweifelten Widerstandes durch die Lücke gestoßen wurde. Wahnsinnig vor Schmerz und Trauer hämmerte sie mit ihren Fäusten gegen das Tor, und schaurig übertönte ihr klagendes Schreien das Heulen des Sturmes und den tobenden Kampflärm. Mit Gewalt wurde sie endlich von zweien ihrer Schwestern weggezerrt.

Wer durchschlüpfen konnte, floh westwärts. Allenthalben sah man die Cheyenne, einzeln oder in kleinen Gruppen, sich durch den Schnee vorwärtsarbeiten. Oh, wie das Herz gegen die gequälte Brust hämmerte! Oh, wie das stach, wie bleischwer die Glieder waren. Keuchend, taumelnd, torkelnd wateten sie vorwärts und wurden von der dunklen, brüllenden Sturmesnacht verschluckt. Viele, die den mörderischen Kugeln entronnen, erlagen auf dem Fluchtwege den übermäßigen Anstrengungen, die sie ihren entkräfteten Körpern zumuten mußten.

Noch vier jüngere Krieger lagen im Hofe und deckten die Flucht ihrer Brüder und Schwestern. Bedächtig wählten sie sich ihre Ziele aus und sie sorgten dafür, daß der Feind nie zu nahe kam. Wiederum schlüpfte Häuptling Stumpfes Messer als letzter durch die Lücke. Draußen erwartete ihn Raschelnde Blätter. So gut es ging, sammelten sie die Fliehenden. Gemeinsam ließ sich der Pfad besser treten. Weit außerhalb des Forts fanden sich die Ueberlebenden alsgemach wieder um ihren Häuptling. Die kräftigsten Krieger traten an die Spitze, in der Mitte die Frauen und die wenigen Kinder und als Nachhut wiederum eine Anzahl Krieger, unter ihnen Stumpfes Messer. So zogen sie westwärts. Längst war das Fort ihren Blicken entschwunden, aber immer noch hörten sie Gewehrfeuer. Vier tapfere Hundekrieger opferten sich, damit die andern die Freiheit gewännen!

*

Nach dem Zwischenfall mit den drei Häuptlingen hatte der Kommandant seine Offiziere noch zurückbehalten. Um die aufgeregten Gemüter etwas zu beruhigen, — wie er sich ausdrückte, ließ er eine Flasche Whisky entkorken und ermunterte die Herren, mit ihm noch eine Pfeife Tabak zu rauchen. Wohl oder übel hatten sie dem Wunsche ihres Vorgesetzten zu gehorchen. Aber die Stimmung blieb frostig, trotzdem sich Wessels bemühte, mit einigen handfesten Witzen das Vorgegangene vergessen zu lassen. Wieder einmal griff er nach dem Whisky, da hörten sie von draußen her lautes Geschrei und dann eine rasche Folge von Schüssen. Fluchend ließ Wessels die Flasche fallen. Hastig öffnete er die Fensterladen.

„Was ist das für ein Lärm?"

Fauchend, wie ein wütendes Raubtier, fegte der Blizzard in das Zimmer hinein, riß das Gedeck vom Tische, daß Flasche und Gläser in tausend Stücke zersprangen.

„Wache! He, Wache!" — vergeblich rief er in die schwarze, vom Mündungsfeuer zahlreicher Schüsse durchzuckte Sturmnacht hinaus. Niemand achtete seiner.

Leutnant Allen stürzte zur Tür, um selber Nachschau zu halten und prallte auf der Schwelle mit einem über und über blutverschmierten Sergeanten zusammen. Nur mit Mühe hielt sich der von einer häßlichen Gesichtswunde verunstaltete Mann aufrecht.

„Die Indsmen sind weg!"

Mit einem Sprung stand Wessels vor dem Unglücksboten und packte ihn am Leibriemen.

„Welche Indsmen sind weg? Welche? Welche?"

*

Im Hofe bot sich den Offizieren ein entsetzliches Bild. Tote und verwundete Soldaten lagen im Schnee, und vor dem Tor türmten sich die Leichen der Cheyenne. Wessels ließ die Besatzung antreten. Munition wurde verteilt, und dann verließ ein Zug Infanterie unter Leutnant Baxter das Fort, um die Flüchtlinge zu verfolgen.

„Seht, Leutnant", bemerkte der Kommandant hämisch, „wie klug ich handelte, als ich den Roten diese Abmagerungskur verordnete. Die springen nicht weit diese Nacht!"

Einige Meilen vom Fort entfernt, befand sich eine Schlucht. Baxter hatte rasch herausgefunden, daß die Spuren in gerader Linie dahin führten, und er beeilte sich, den Indianern zuvorzukommen, bevor sie diesen Schlupfwinkel erreicht hätten. Die Wucht des Sturmes hatte stark nachgelassen. Es war erheblich heller geworden, und die Soldaten kamen gut vorwärts. Mit jedem Schritt stießen sie auf tote oder völlig erschöpfte Flüchtlinge, meistens Frauen und Kinder. Es jammerte Baxter, daß er diesen bedauernswerten Opfern keine Hilfe angedeihen lassen konnte. Wohl keines von ihnen würde diese Morgenkälte überleben. Nach einer guten halben Stunde Weges sahen sie weit vor ihnen die Indianer der Schlucht zustreben. Der Leutnant spornte seine Soldaten zu größerer Eile an.

„Vorwärts, boys, wir müssen sie erwischen, bevor sie sich in der Schlucht festsetzen können!"

*

Nur noch zwanzig Männer und Frauen zählte die kleine Schar. Alle andern waren entweder bereits im Fort gefallen oder unterwegs zusammengebrochen. Sie wußten den Feind auf ihren Fersen, und wenn sie gelegentlich einen kleinen Halt einschalteten, hörten sie hinter sich das Bellen der Hunde. Strong Left Hand marschierte an der Spitze. Schweißtriefend wühlte er sich durch den Schnee, um den Nachfolgenden einen schmalen Weg zu schaffen.

Stumpfes Messer stützte sich auf seine Tochter. Der alte Mann hatte furchtbare Qualen zu erdulden. Jeder Schritt, jeder Atemzug bereitete ihm entsetzliche Schmerzen. Immer wieder blickte Raschelnde Blätter zurück, und mit tödlichem Schrecken gewahrte sie, wie die gut ausgeruhten Soldaten näher und näher rückten. Schon zirpten die ersten Kugeln vorbei.

Plötzlich stieß Strong Left Hand einen Jubelschrei aus.

„Eine Schlucht! Beeilt euch, meine Schwestern und Brüder! Hier sind wir vor dem Feuer der Blauröcke geborgen!"

Wenige Schritte vor dem begehrten Ziel stürzte der Häuptling. Stöhnend lag er im Schnee und preßte die Hand an die linke Seite. Keuchend hob und senkte sich die gequälte Brust.

Immer lauter ertönte das Hundegebell. Schon konnte man die Umrisse der einzelnen Soldaten erkennen. „Oh Großer Geist, warum hast du den Schneesturm besänftigt? Warum ergießest du das Licht des Mondes über uns und erleichterst den Bleichgesichtern die Verfolgung?" weinte Raschelnde Blätter.

Voller Verzweiflung beugte sie sich über den Greis, küßte seine bleiche Stirne und preßte ihm Schnee gegen die Schläfen.

„Vater, oh Vater! Erhebe dich, stütze dich auf deine Tochter. Siehe, nur wenige Schritte trennen uns von den andern, nur noch wenige Schritte. Sei stark, mein Vater."

Stumpfes Messer öffnete die Augen. Ein trauriges Lächeln huschte über sein abgehärmtes Gesicht. Er tastete nach ihrer Hand, streichelte ihre einst so blühenden Wangen und fühlte das immer noch so weiche Haar.

„Stumpfes Messer steht an der Schwelle des Todes", flüsterte er heiser, „halte dich nicht auf, meine Tochter. Rette dich! Eile, hörst du, der Feind ist nahe."

Aber Raschelnde Blätter wich nicht von seiner Seite. In heiß aufwallender Liebe umarmte sie den Greis. Er spürte ihre Tränen auf seinem Gesicht, und ihre stammelnden Koseworte waren Musik in seinen Ohren.

„Oh, meine tapfere Tochter."

Plötzlich zuckte das Mädchen jäh zusammen. Ein Zittern durchbebte seinen Körper, und seinem Munde, der eben für den Häuptling noch so süße Worte gefunden, entwich ein leises, klagendes Stöhnen.

Zu Tode erschrocken, faßte Stumpfes Messer das Gesicht des Mädchens. Aus den halbgeöffneten Lippen tropfte Blut. Er stützte sich auf seine Ellenbogen und sah zwischen ihren Schultern das kleine Loch. Sorglich ließ der Häuptling den Leichnam seines einzigen, ihm bis jetzt noch verbliebenen Kindes in den Schnee gleiten. Dann richtete er sich auf und schritt dem Feinde entgegen. Aber da packten ihn zwei Fäuste an den Schultern und drückten ihn zu Boden. Wie aus weiter Ferne vernahm er die keuchende Stimme Strong Left Hands: „Stumpfes Messer darf nicht sterben. Noch leben einige Hundekrieger, die ihres Häuptlings bedürfen."

Mit den wenigen Feuerwaffen, die sie besaßen, gelang es ihnen, die unbekümmert daherstapfenden Soldaten aufzuhalten. Sie sahen, wie sich der Feind zurückzog und in einiger Entfernung sich in den Schnee eingrub. Tatsächlich hatte Baxter einige Verluste erlitten. Er sandte einen Boten zurück nach Fort Robinson, um Verstärkung herbeizuholen. Der Leutnant glaubte nicht, daß die Cheyenne ihre Flucht fortsetzen könnten.

Als Strong Left Hand erkannte, daß der Feind einen zweiten Angriff kaum mehr unternehmen würde, gab er von neuem das Zeichen zum Aufbruch. Im Wolfstrott, einer hinter dem andern, folgten sie dem Laufe des kleinen Flusses. Als sie einem einsam stehenden Baum begegneten, schälten sie ihm die Rinde ab und begannen sie zu kauen, um den Hunger zu stillen.

*

Nach Tagesanbruch erschien Wessels mit zweihundert Mann und einigen Siouxspähern. Er ließ sich von Leutnant Baxter die Lage des Feindes genau erklären, dann schickte er zwei starke Gruppen beidseits umfassend vorwärts. Auf diese Weise hoffte er den Roten in den Rücken zu kommen und ihnen jeden Fluchtweg abzuschneiden.

„Es ist verdammt ruhig, da drüben", äußerte er sich zu Baxter, „ob sie wohl erfroren sind?"

„Wohl möglich", entgegnete der Leutnant, „ist eine Hundekälte heute morgen. Auf jeden Schneesturm folgt Frost."

Wessels, der durch seinen Feldstecher das Vorgehen der beiden Gruppen verfolgte, sah plötzlich einen Mann zurücklaufen.

„Nanu, was ist da passiert?" wunderte er sich. Etwas später meldete sich der Soldat.

„Die Indianer sind weiter geflohen, Sir. Wir kreuzten ihre Spur."

Jetzt entlud sich ein fürchterliches Donnerwetter

über den unglücklichen Baxter. Dann entschied Wessels, daß die Verfolgung sofort aufzunehmen sei. Die Indianer konnten unmöglich eine größere Strecke zurückgelegt haben.

„Sie, Leutnant, lassen im Fort einige Schlitten holen und folgen unserer Spur. Falls Sie Verwundete antreffen, schaffe man diese zurück und übergebe sie dem Lazarett."

„Yes, Sir."

Es war für Wessels Truppen nicht allzu schwer, die Spur der Cheyenne zu halten. Blut und Leichen wiesen ihnen den Weg. Trotzdem vergingen nahezu achtundvierzig Stunden, ehe die Sioux den Feind entdeckten. Mit äußerster Vorsicht arbeiteten sich die Soldaten an die Stellung heran. Noch dreißig Schritte trennten die Gegner, noch zwanzig, noch zehn und jetzt — Finger am Abzug des Karabiners, stürmten sie von allen Seiten auf die Indianer los.

Aber statt des erwarteten Nahkampfes, bot sich ihren erstaunten Augen ein erschütterndes Bild. In einer flüchtig ausgehobenen Grube lag mit geschlossenen Augen der alte Häuptling Stumpfes Messer. Neben ihm saßen zwei verwundete Krieger, und diese blickten gleichgültig und teilnahmslos auf die vielen Soldaten.

Als Wessels erschien, wichen die Blauröcke beschämt zurück. Manch einer schimpfte still für sich in seinen Bart: „Es ist eine Schande, die armen Teufel mit Waffen und Hunden zu verfolgen. Diese Indsmen können doch keinem Menschen mehr etwas zuleide tun!"

Der Kommandant rief nach James Rowland.

„Schaut einmal nach, ob der Alte noch lebt und versucht aus den beiden anderen herauszubekommen, ob ein Teil ihrer Bande weiter geflohen ist."

Rowland sprach die zwei Krieger an, erhielt aber nur ein Kopfschütteln zur Antwort. Dann beugte er sich über den Häuptling und horchte auf den Puls.

„Stumpfes Messer scheint bewußtlos zu sein, Herr. Die Krieger wissen nicht, wo sich ihre Brüder aufhalten."

Zum ersten Mal in seinem Leben spürte Wessels so etwas wie Mitleid gegenüber diesen Roten aufkeimen. Er beauftragte eine Gruppe Soldaten, sich um die drei Indianer zu kümmern und sie so schnell wie möglich ins Fort zu schaffen.

Dann ging die Jagd weiter.

Am späten Nachmittag endlich, hatten sie den kläglichen Rest des einst so stolzen und vielköpfigen Stammes der Cheyenne eingeholt. Noch zehn Krieger, unter ihnen der Führer Strong Left Hand, hatten sich im Schnee eingegraben. Geschwächt von Hunger und unmenschlichen Anstrengungen, lagen sie hinter ihren Gewehren und spähten dem sich nahenden Feind entgegen.

Rowland forderte die Indianer im Namen des Kommandanten zur Uebergabe auf. Die Cheyenne schwiegen.

Nochmals hieß Wessels den Dolmetscher, das Angebot zu wiederholen und ihnen gleichzeitig Nahrung und Pflege zu versprechen. Keine Antwort!

Die Soldaten umzingelten die armselige Stellung, um von Anfang an jede Fluchtmöglichkeit auszuschließen. Wieder pirschten sie sich heran, — nun wurde ihnen endlich Antwort zuteil. Fünf Schüsse knallten, und ebenso viele Soldaten fielen getroffen zu Boden. Aber jetzt kannte Wessels keine Rücksichtnahme mehr. Von allen Seiten schlug pausenloses, heftiges Feuer den Cheyenne entgegen. Aber diese schossen kräftig zurück und wußten trotz ihrer Erschöpfung noch gut zu treffen. Sogar der Kommandant mußte eine Unvorsichtigkeit mit einem Streifschuß an den Kopf bezahlen. Bewußtlos und heftig blutend sank er in den Schnee, — erholte sich aber später wieder.

Dieses Schützenfeuer währte die ganze Nacht über und dauerte den ganzen folgenden Tag. Allein, der Widerstand war zusehends schwächer geworden. Als es von neuem eindunkelte, schienen die Indianer endlich am Ende ihrer Kräfte zu sein.

Die Truppen atmeten auf!

Schluß! Halali!

Sie erhoben sich aus ihren Schneelöchern und stapften dem Feinde entgegen, der — ein jeder mußte es sich eingestehen — sich bis zum letzten Atemzuge tapfer gewehrt hatte.

Die vordersten Soldaten waren nur noch wenige Schritte von der Stellung entfernt, da wurden sie und alle andern zu Zeugen einer Szene, die durch ihre verzweifelte Tapferkeit, durch ihren sinnlos-erhabenen Heldenmut sich allen Beteiligten unauslöschlich einprägte. Plötzlich kletterten nämlich drei in Fetzen gekleidete, ausgemergelte Gestalten über den Schneewall. Sie versanken in der weißen Flut, tauchten aber wieder auf und stürmten, den cheyennischen Kriegsruf schreiend, den verblüfften Soldaten entgegen.

Eine Salve krachte. Die drei Braven warfen ihre Arme in die Höhe und sanken leblos nieder.

Aber Wessels wollte sich auf kein Wagnis einlassen. Er befahl den Soldaten, sich wieder in Deckung zu begeben. Dann schickte er eine Patrouille gegen die „Verschanzung", um festzustellen, ob wirklich keiner der Indianer mehr am Leben sei.

Zwei Soldaten und ein Siouxspäher schlichen unter Beobachtung jeder erdenklichen Vorsicht die Stellung an. Sie passierten die Leichen der drei Tapferen und sahen mit Erstaunen, daß sie ohne Waffen waren. Langsam richteten sie sich vor dem Wall hoch und blickten hinüber. Dann sicherten sie ihre Gewehre.

„Alles tot?" rief Wessels.

„Alles tot!"

Es ist erreicht

«Um die Wahrheit zu gestehen, ich kann mich nicht erinnern, jemals bessere und friedlichere Leute gesehen zu haben, als diese Indianer.»

Hariot.

Unangefochten erreichten Häuptling Kleiner Wolf und seine Getreuen die Black Hills. In einem schönen, von der Umwelt verborgenen Tal, errichteten sie ihr Winterlager. Ihre Wiederkehr in die verlorene Heimat feierten sie mit einem Tanz, der einen Tag und eine Nacht dauerte. So dankten die Cheyenne dem Großen Geist dafür, daß er seine mächtige Hand schützend über sie gehalten hatte.

Ohne Mühe fanden sie sich wieder in ihr altes Leben zurück. Die Männer streiften jagend in der näheren Umgebung des Lagers und brachten stets reichliche Beute ins Lager. Sie oblagen ihren Pflichten und genossen aus vollem Herzen die kleinen, bescheidenen Freuden ihres Daseins. Kinder wurden geboren, und einige alte Stammesgenossen starben und wurden in der herkömmlichen Art bestattet.

Doch vergaßen sie darob nicht, ihren Schlupfwinkel zu bewachen. Abwechslungsweise begaben sich die Krieger auf einen günstig gelegenen Auslug und spähten nach Süden. Aber nie zeigten sich Soldaten und — das war das einzige, was ihre Herzen mit Trauer erfüllte — auch von den zurückgebliebenen Brüdern und Schwestern blieb jede Nachricht aus. Lange Zeit hatte Kleiner Wolf gehofft, von Stumpfem Messer vielleicht eine Mitteilung zu erhalten, oder daß er selbst mit den Seinen plötzlich unvermutet auftauchen würde. Als dann der Winter mit Schnee und Eis das Land in Fesseln legte, war es dem Häuptling klar, daß für die nächsten Monate an ein Wiedersehen nicht gedacht werden konnte. Wenn sie an langen Abenden im Kreise um ein Feuer saßen, flogen ihre Gedanken südwärts in die Sand Hills, und sie beteten zum Großen Geist, daß er ihre fernen Brüder und Schwestern gegen Feinde und Ungemach schirmen möge.

*

Das Trauerspiel in Fort Robinson ließ sich vor der Oeffentlichkeit nicht geheim halten. Ausführlich schilderten die Zeitungen den Kampf und das heldenmütige Sterben der Cheyenne. Eine Flut leidenschaftlicher Proteste gegen die barbarische Kriegführung der Armee und gegen die „Indianerpolitik" der Regierung ergoß sich in die Amtsstellen in Washington. Und immer stärker wurde der Ruf, die überlebenden Indianer zu begnadigen. General Sherman wollte mit dieser Angelegenheit nicht mehr „belästigt" werden. Er schickte die Akten dem Staatssekretär für Inneres, Carl Schurz, zur endgültigen Beschlußfassung. Der Minister war unangenehm berührt, daß diese Affäre ein so böses Ende genommen hatte. Er zögerte deshalb nicht, öffentlich bekanntzugeben, daß den noch lebenden Cheyenne, eingeschlossen die Bande des Kleinen Wolfs, vollkommene Straffreiheit zugesichert sei und daß sie in ihrer Heimat, für die sie so unermeßliche Opfer an Gut und Blut auf sich genommen hatten, eine bleibende Stätte finden sollten. Die Truppenkommandanten im Grenzgebiet von Montana-Wyoming wurden beauftragt, diesen Beschluß dem Häuptling Kleiner Wolf mitzuteilen.

*

In den Black Hills schmolz der Schnee. Menschen und Tiere freuten sich, daß der harte Winter sein Regiment abgeben mußte. Die Cheyenne führten ihre Pferde auf die herrlich grüne Weide. Endlich durften sich die treuen vierbeinigen Kampfgefährten an dem so lange entbehrten fetten Gras gütlich tun. Die ersten Büffel erschienen und brachten den Indianern willkommene Abwechslung in den täglichen Speisezettel. Junge Krieger und Mädchen konnten langgehegte Heiratspläne verwirklichen. So herrschte in dem kleinen, abgeschiedenen Dorfe eitel Freude und Frohsinn. Häuptling Kleiner Wolf hingegen vergaß nicht, daß mit dem Frühling die Gefahr für die Seinen wieder größer wurde. Er verstärkte den Wachtdienst und saß selbst fast jeden Tag pfeifenrauchend auf dem Auslug.

An einem Nachmittag erspähten seine Luchsaugen einen Siouxkundschafter, der langsam in der Richtung nach dem Cheyennedorf ritt. Sofort ließ er Alarm schlagen und legte sich mit seinen Kriegern in den Hinterhalt. Ahnungslos tappte der Sioux in die Falle und sah sich plötzlich von einer Horde grimmiger Krieger umringt.

Ziemlich unsanft holten sie den verdutzten Späher vom Pferd herunter und frugen ihn nach seinem Begehr.

Als sich dieser von seinem ersten Schrecken erholt hatte, sagte er wahrheitsgemäß, er sei beauftragt, nach dem Häuptling Kleiner Wolf zu suchen.

„Kleiner Wolf steht vor dir, Fremder. Was willst du von ihm?" grollte der Cheyenne.

„Du bist Kleiner Wolf, der große Häuptling der Hundekrieger?" ehrfürchtig stellte der Sioux die Gegenfrage.

„Du sagst es."

Zum großen Erstaunen der Krieger begann der Fremde fröhlich zu lachen.

Aber Kleiner Wolf verstand keinen Spaß.

„Sprich, Sioux!"

Er komme von Fort Keogh, erzählte der Kundschafter, dort kommandiere der Leutnant W. P. Clark. Dieser habe ihm aufgetragen, in den Black Hills nach dem Häuptling der Cheyenne zu suchen und ihm, falls er ihn finden könne, zu sagen, daß er nach Fort Keogh reiten möge. Gute Nachrichten würden auf ihn warten.

Heiße Freude durchzuckte den Häuptling. Wenn diese Rothaut wirklich mit ungespaltener Zunge gesprochen hatte und alles wahr wäre? Er überlegte hin und her. Stand der Sioux nicht im Dienste der Blauröcke? Hatten sie ihn wohl als Lockvogel ausgeschickt, um den Vielgesuchten um so leichter in ihre Gewalt zu bringen?

Mißtrauisch forschte er in dem freundlich lächelnden Gesicht des Fremden. Dort war nichts Arges zu finden.

„Gut, Fremder, ich werde reiten."

Der Sioux nickte eifrig.

„Aber du bleibst hier, und wenn ich nach Ablauf von sechs Sonnen nicht zu den Meinen zurückgekehrt bin, erwartet dich der Tod."

In Fort Keogh erfuhr Kleiner Wolf aus dem Munde Leutnant Clarks die Botschaft des Großen Vaters in Washington. Aber er hörte auch von dem traurigen Ende der in den Sand Hills zurückgebliebenen Schwestern und Brüder. Tiefer Schmerz erfüllte sein Herz. Er bat den Leutnant, Stumpfem Messer ausrichten zu lassen, daß er mit den noch lebenden Brüdern im Dorfe Kleinen Wolfs stets willkommen sei.

Noch für vier Jahre war es Stumpfem Messer vergönnt, inmitten seines Stammes einen geruhsamen Lebensabend zu verbringen. Er starb im Jahre 1883, ausgesöhnt mit seinen einstigen weißen Feinden, die er seit seinem ersten Zusammentreffen mit ihnen als Freunde zu gewinnen versuchte.

Kleiner Wolf überlebte ihn um volle sechsundzwanzig Jahre. Im Jahre 1909 schied der hochbetagte, von Roten und Weißen gleichermaßen geachtete Häuptling von den Seinen, um sich mit Stumpfem Messer, Little Chief, Aufrecht-stehendem-Bär und all den vielen tapferen Hundekriegern in den Ewigen Jagdgründen zu vereinigen.

Jetzt noch leben die nördlichen Cheyenne in einer weiten, schönen Reservation oben in Montana, nahe der kanadischen Grenze. Mit stolzer Ehrfurcht gedenken sie der beiden großen Führer ihres Volkes, die in dessen dunkelster Zeit ihr Leben einsetzten, damit es die Heimat wieder gewinne und in Frieden und Freiheit leben könne. Alle Amerikaner, ungeachtet ihrer Hautfarbe, sind sich einig in der Auffassung, daß der „Dull Knife-Raid" eines der würdigsten Kapitel in der bewegten Geschichte dieses Landes ist.